Hola, Corea

Los tejados de la aldea
tradicional de Jeonju

Hola, Corea

Conoce el país que hay detrás del *hallyu*

Contenidos

Derecha Aldea tradicional de Bukchon, con la ciudad de Seúl al fondo

Abajo izquierda El icónico traje rosa de los guardias de *El juego del calamar*

Abajo derecha El famoso pollo frito coreano

한국으로 오세요

Bienvenidos a Corea del Sur

La *boy band* más famosa del mundo, la serie de televisión más vista de la historia de Netflix, el primer largometraje de habla no inglesa que se lleva el Oscar a la mejor película... Corea del Sur es un gigante cultural que está cada vez más presente en nuestras vidas.

Nada de lo que se dice sobre la influencia de Corea es exagerado. La letra k está por todas partes: artistas callejeros que bailan al ritmo del sonido comercial del K-pop, las estanterías de los supermercados bien surtidas de *kimchi* y la industria cosmética que recibe con entusiasmo los lanzamientos recién llegados de Seúl. Este fenómeno tiene nombre propio: *hallyu*, la «ola coreana», que está dejando huella en casi todos los países del mundo y ha venido para quedarse.

Entonces, Corea es todo cultura pop, ¿no? Pues no. ¿Sabías que las mujeres de la isla de Jeju bucean en apnea desde el siglo XVII? ¿O que hasta 2022 los coreanos contaban su edad de tres maneras diferentes? ¿O que el país es una potencia mundial en el tiro con arco y que arrasa en las competiciones? Corea es mucho más que los distintos elementos que conforman su *hallyu*, y ya es hora de que el mundo conozca el increíble país que se esconde detrás de los grandes titulares.

Ese es el objetivo de *Hola, Corea:* mostrar los bellos paisajes, la fascinante historia y las tradiciones que van más allá del tiempo y que han moldeado esta nación tan espectacular, y de paso dar a conocer la deliciosa gastronomía, el innovador panorama artístico y el talento creador de su pueblo (además de las exportaciones a escala global que tanto gustan). Di hola a la verdadera Corea, no podrás evitar engancharte.

COREA ES
UN MARCO DE REFERENCIA

Para conocer de verdad un país, lo primero es entender lo más básico. Corea se halla en la parte más oriental de Asia, cerca de China y Japón, y esta situación geográfica lleva siglos marcando su destino. A lo largo de una historia que se remonta unos 40.000 años, ha tenido sus reinos enfrentados, multitud de invasiones, ocupaciones y una dramática separación. Aun así, Corea se ha convertido en una potencia por derecho propio. Es un país con múltiples montañas, ríos e islas, además de una rica variedad de dialectos, tradiciones y gastronomías, pero da igual dónde vivan los coreanos —ya sea en el campo, en las llanuras costeras o en las ciudades donde reside la mayoría—, es un pueblo unido por una rica historia, un idioma común y la voluntad de mirar hacia delante. Estos elementos básicos —geografía, historia e idioma— forman el marco de referencia en esta historia que aquí comienza.

지도 위의 한국

Corea del Sur en el mapa

Para ser un país más bien pequeño, Corea tiene mucho que ofrecer: ciudades llenas de vida, tierras altas rurales cubiertas de bosques y miles de islas que rodean sus costas.

Situada en el extremo oriental de Asia y conectada con Eurasia a través de Corea del Norte, Corea del Sur está rodeada de agua casi por completo. Su territorio continental se divide en nueve provincias principales, cada una de las grandes áreas metropolitanas (incluidas Seúl y Busan) constituyen su propia provincia en términos administrativos, y, además, los tres mares que bañan la península están salpicados de islas, muchas deshabitadas. Pese a esta enorme dispersión y variedad de paisajes —urbanos, rurales y costeros—, la mayor parte de los 51 millones de habitantes se concentra en las ciudades y deja grandes franjas de terreno virgen.

El territorio continental

Una serie de suaves cordilleras divide el territorio en regiones con dialectos, gastronomías y costumbres particulares. La principal cadena montañosa, la cordillera de Taebaeksan, discurre a lo largo de la costa oriental de las dos Coreas y, en cierto modo, unifica estas dos naciones separadas políticamente. De esta columna vertebral surgen otras cordilleras menores, y de las montañas bajan ríos caudalosos que mueven las centrales hidroeléctricas del país. La zona más llana son las tierras fértiles del sudoeste, conocidas como «el arrozal de Corea».

Diversidad climática

Esta diversidad de paisajes y la situación de Corea en Asia tienen un gran impacto en el clima: el sur de la península y sus islas tienen un clima subtropical donde no suele haber heladas; en el resto de Corea, los inviernos traen vientos fríos de Siberia, y los veranos calurosos, coronados por una estación lluviosa, se completan con primaveras y otoños agradables.

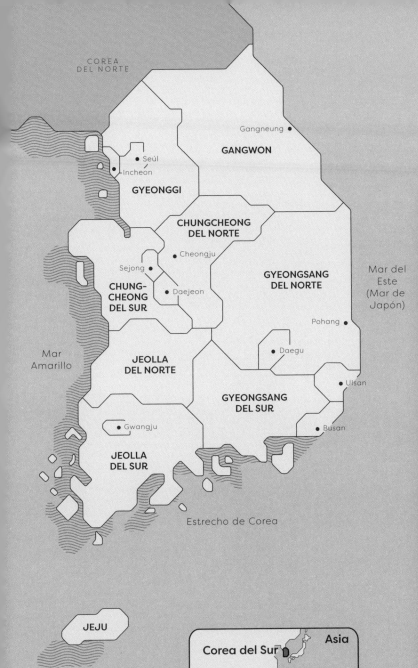

COREA
DEL NORTE

GANGWON

Gangneung •

• Seúl
Incheon

GYEONGGI

CHUNGCHEONG
DEL NORTE

• Cheongju

Sejong •

GYEONGSANG
DEL NORTE

CHUNG-
CHEONG
DEL SUR

• Daejeon

Mar del
Este
(Mar de
Japón)

Pohang •

Mar
Amarillo

JEOLLA
DEL NORTE

• Daegu

GYEONGSANG
DEL SUR

• Ulsan

• Gwangju

• Busan

JEOLLA
DEL SUR

Estrecho de Corea

JEJU

Corea del Sur

Asia

Las provincias de Corea

Gyeonggi

En esta provincia del norte se encuentra la capital, otras ciudades satélite punteras y una zona rural muy tranquila.

Gangwon

Aunque es una provincia poco poblada, sus playas y otras maravillas naturales atraen el turismo durante todo el año.

Gyeongsang del Norte y del Sur

Baluartes de la tradición y la historia, en estas provincias también hay ciudades industriales.

Jeolla del Norte y del Sur

Famosa por su espíritu rebelde, la fértil región de Jeolla ofrece una de las mejores gastronomías de Corea.

Chungcheong del Norte y del Sur

Regiones agrícolas de vida serena y con algunos templos budistas muy conocidos.

Jeju

No muy lejos de la prefectura japonesa de Nagasaki, el «Hawái coreano» tiene su propio dialecto y una topografía volcánica única en Corea.

Ciudades fascinantes

Este es el dato estadístico que mejor describe la evolución de la Corea moderna: hace seis décadas, el 29 % de la población vivía en las áreas urbanas; hoy es el 81 %.

La Corea del Sur contemporánea se define claramente por sus asombrosas ciudades: son el motor que mueve una economía en constante crecimiento, los laboratorios donde se desarrollan unas tecnologías que definen el futuro y se cultiva una cultura popular que está conquistando el mundo. Como es lógico, no hay conversación sobre la Corea urbana que no comience por un lugar específico: Seúl.

El alma de Corea

A menudo, cuando los coreanos hablan de viajar a la capital, no dicen que van a ir a Seúl, sino que van a «subir» a Seúl. No utilizan esta expresión con ninguna otra ciudad. Resulta imposible exagerar la enorme importancia de Seúl en todo lo que sucede en Corea. Es la estrella política, económica y cultural

alrededor de la cual orbita el resto del país. Hace 600 años que es la capital, y en el Área Capital Nacional de Seúl (Seúl, Incheon y la provincia de Gyeonggi) es donde vive la mitad de la población de Corea.

El río Han atraviesa el corazón de Seúl y divide la ciudad en dos. Gangbuk, «al norte del río», es donde se halla la ciudad antigua de Seúl delimitada por una muralla ancestral que se extiende por los cuatro montes que la guardan. Allí es donde están los palacios reales y los barrios de callejones estrechos con las casas tradicionales llamadas *hanok*. Gangnam, «al sur del río», es una ampliación reciente que se produjo sobre todo durante los años del boom de la posguerra de Corea. Aunque suele ser sinónimo de grandes bulevares, boutiques de alta costura y casas elegantes, en Gangnam también hay barriadas de inmigrantes y zonas amplias con las torres de apartamentos de clase media que definen la silueta de los cielos urbanos de Corea.

Un ritmo trepidante

Con tanta población y tanta actividad, Seúl se mueve a un ritmo tan emocionante como agotador. En algunas zonas de la capital puede haber más vida a las 3 de la madrugada que en la mayoría de las ciudades a mediodía: gente que entra y sale de los restaurantes, los bares y los *noraebang*, los karaokes coreanos.

En el siglo XXI, en vez del enfoque urbanístico del «primero construye, después pregunta» que caracterizó las décadas de los años 70 y 80, la ciudad ha dirigido sus energías hacia la creación de una metrópolis más habitable. Ahora más que nunca, proyectos como la restauración del Cheonggyecheon (el arroyo Cheonggye, que estaba cubierto por pavimentos), la transformación de unos terrenos de relleno en el parque fluvial de Haneul y una nueva apreciación generalizada de las casas tradicionales *hanok* —muchas de ellas restauradas y convertidas en locales de hostelería— han hecho de Seúl un lugar en el mundo al que uno no va, sino que «sube».

El paisaje urbano de Seúl resplandece al caer la noche

1 El colorido barrio
chino de Incheon

2 Las llamativas
luces de los
muelles de Busan

3 El exuberante
bosque de bambú
de Ulsan

4 El paisaje fluvial
de la ciudad de
Daegu

5 Exposición de
arte en la Bienal de
Gwangju, 2021

6 El *bibimbap*, una
especialidad de
Jeonju

MÁS ALLÁ DE LA CAPITAL

Quizá Seúl eclipse un poco al resto del país, pero otras muchas ciudades muestran la historia de Corea, su desarrollo moderno y la riqueza de sus tradiciones regionales.

Incheon

Aunque forma parte del Área Capital Nacional de Seúl, esta ciudad portuaria tiene su propio carácter moldeado por su larga historia como puerta de entrada a Corea. La apertura del país a Occidente en el siglo XIX se observa en su alto número de iglesias, y el barrio chino más grande de Corea da fe de la inmigración llegada desde el otro lado del mar Amarillo. Aun así, el ambicioso proyecto de Songdo —una nueva ciudad inteligente levantada sobre un terreno ganado al mar— demuestra que Incheon no solo mira hacia el exterior, sino también hacia el futuro.

Busan

El sudeste coreano tiene su ancla en Busan, la segunda ciudad más grande del país, que se extiende por varias penínsulas. Entrañable mezcla de sofisticación urbana —inmuebles caros, playas llenas de glamour y uno de los festivales de cine más importantes de Asia— y del encanto de una ciudad portuaria, Busan es famosa por su peculiar dialecto.

Ulsan

Es una reproducción de la Corea moderna a escala reducida, al norte de Busan en la misma costa. Lo que en otros tiempos era apenas una aldea de pescadores se convirtió en el motor del auge económico del país tras la guerra de Corea como la sede de los mayores astilleros del mundo y de una de las refinerías más grandes del planeta. Con la industrialización llegaron unos niveles tóxicos de contaminación, pero, desde 2004, la ciudad ha hecho unos esfuerzos enormes por tener un entorno más limpio. El Taehwagang es un buen ejemplo: antes conocido como «el río de la muerte», ahora lo rodean parques y bosques de bambú donde acuden las garzas en sus migraciones.

Daegu

Con fama de ser un bastión conservador (cuatro presidentes conservadores tenían allí sus raíces) y el lugar donde se fundó Samsung como empresa de comestibles, Daegu alberga hoy a una considerable población estudiantil. Debido a su situación geográfica, en una cuenca rodeada de montañas, los veranos allí son bochornosos, y los inviernos, gélidos.

Gwangju

El sudoeste de Corea es lo contrario que el sudeste: progresista y agricultor. Gwangju, la ciudad más grande del sudoeste, fue el escenario del Levantamiento de 1980, cuando unos manifestantes partidarios de la democracia arrebataron el control de la ciudad a los militares. El alzamiento se vio sofocado de manera brutal, pero fue la chispa que prendió la llama de la democratización de Corea. Gwangju continúa enorgulleciéndose de su pasado rebelde, aunque hoy también es famosa por su moderno panorama artístico.

Jeonju

Al norte de Gwangju, Jeonju está situada entre las fértiles llanuras que constituyen el arrozal de Corea. Durante siglos, el arroz ha sido el centro de la cocina coreana, famosa por su *bibimbap* y su *makgeolli*. Aquí también es posible contemplar una parte de la historia coreana como no se muestra en muchas ciudades del país. Para empezar, Jeonju cuenta con uno de los barrios de *hanok* mejor conservados y con una tradición de *pansori* (narración lírica) llena de vida.

La vida rural

Muchas veces puede parecer que la Corea rural es la gran olvidada, perdida a la sombra de la cegadora luz de las grandes ciudades. Sin embargo, buena parte de la cultura coreana —gastronomía, proverbios, festividades— hunde sus raíces en el estilo de vida rural.

La Corea moderna es urbana en proporciones abrumadoras, aunque no hace tanto que la mayoría de los coreanos vivía en el campo. Las zonas rurales contemporáneas conservan muchas trazas del pasado del país: tienen un ritmo más sosegado y gran parte de la vida gira en torno a la agricultura. Arrozales y plantaciones de batata ocupan las llanuras, y, en los pequeños pueblos y las aldeas, los mercados tradicionales aún son el centro del comercio local.

Las aldeas tradicionales

En ellas se puede encontrar una versión refinada de la vida rural coreana. Estos asentamientos son tanto una atracción turística con actuaciones y programas de visita, como un último reducto de unas costumbres que de otra manera desaparecerían. Pero lo más importante es que siguen siendo comunidades vivas con habitantes cuyas raíces familiares se remontan varios siglos atrás. La más famosa de estas aldeas es Hahoe, en las afueras de la ciudad de Andong, en el este de Corea: un conjunto de casas de tejados de paja y teja bien cuidados

que se apiñan en un recodo del río Nakdong y un parcheado de cultivos en los pequeños terrenos que se extienden entre la aldea y las montañas de alrededor. Con sus cinco siglos de historia, aquí vivieron algunos eruditos y dirigentes de la dinastía Joseon. Hoy se muestra como una típica aldea de un clan joseonita, y hasta ha conservado la tradición del baile de máscaras de Hahoe *(p. 156)*, un entretenimiento que nace por el deseo de burlarse de las rígidas estructuras de la sociedad joseonita.

Preservar la tradición

Mientras las aldeas tradicionales conservan la huella del pasado, la vida rural contemporánea prospera hoy día en pueblos por toda Corea. Basta con ver la pequeña localidad de Gongju, capital de la dinastía Baekje en los siglos V y VI, cuyo centro se halla entre el Gongsanseong (la fortaleza Gongsan) y un conjunto de enterramientos reales. Pasado y presente se funden aquí a la perfección: aún se celebran rituales en honor del espíritu de un oso de un mito local mientras los cafés a la última recuerdan escenas que veríamos en Seúl.

Tejas tradicionales en una casa de la aldea de Hahoe

En las grandes ciudades, los grandes almacenes han sustituido prácticamente a los mercados de barrio, que aún son un núcleo comercial sobre todo porque la población más mayor creció con ellos. Jeongseon, un antiguo pueblo minero de la provincia de Gangwon, conserva una típica tradición rural coreana: el mercado que se celebra en las fechas que terminan en 2 y en 7, donde los comerciantes venden hierbas medicinales recogidas en los montes de alrededor.

La mayor diferencia con respecto a la Corea urbana quizá sea el envejecimiento de la población: la mayoría de los jóvenes se mudan a las ciudades para estudiar y trabajar. Sin embargo, algunos —desencantados con la vida urbanita— han optado por el *kwichon*, un retorno a la vida rural, y probar a dedicarse a la agricultura y a mantener muy vivas las tradiciones del campo.

El esplendor de la naturaleza

Cuanto más se adentra uno en la naturaleza, más bucólica se muestra Corea, en gran medida gracias a sus 22

가을 타다
Gaeul tada
Ponerse melancólico en otoño, cuando remiten los calores del verano y comienzan a caer las hojas.

parques nacionales. Más o menos la mitad de ellos sigue la línea de la cordillera Baekdudaegan, una cadena montañosa que atraviesa las dos Coreas de norte a sur por la costa este antes de girar hacia el interior y separar las provincias de Jeolla y Gyeongsang.

En el noreste, el llamativo terreno del Parque Nacional del Monte Seoraksan ha inspirado pinturas de paisajes durante siglos. En las costas del mar del Este abundan los picos de granito que se alzan más allá de las nubes mientras que otros montes más suaves esconden valles ocultos: una belleza que hoy continúa atrayendo a la gente. En el extremo sur de la cordillera se encuentra el Parque Nacional del Monte Jirisan, «la montaña de la gente sabia y extraña», donde todavía acuden personas a sus templos en busca de la iluminación o a recorrer sus riscos a pie en busca de la magia de la naturaleza (son famosos los bellísimos tonos rojos del follaje otoñal de Jirisan). Pese a los enormes daños que el conflicto bélico y el desarrollo del país en el siglo pasado causaron en la flora y la fauna coreanas, estas montañas aún son un refugio seguro para criaturas tan esquivas como el alce y el oso negro asiático.

Al oeste de Jirisan, el condado rural de Damyang no tiene nada que

envidiar a los parques nacionales de
Corea: con sus jardines tradicionales y
sus arboledas de bambú, es una de las
regiones más bellas del país. Durante
el periodo de Joseon, era un destino
para el exilio político, pero los eruditos
disidentes a los que enviaban allí se
inspiraron en el entorno, y crearon una
nueva forma poética, el *gasa*, y
escribieron algunos de los poemas
mejor valorados del periodo. Hoy en
día, los arroyos de las montañas, los
picos rocosos y los sombreados
bosques de bambú de Corea ofrecen
unos placeres similares: la inspiración,
el valor de las tradiciones y un respiro
del estrés de la vida en la ciudad.

La hora del té

Casi todas las aldeas rurales cuentan
con al menos un plato o un producto
agrícola que forma parte integral
de su identidad. En el condado de
Hadong, al sur del Parque Nacional
del Monte Jirisan, es el té, una infu-
sión que se servía a los reyes de las
dinastías Joseon y Goryeo. Aquí existe una larga tradición en el uso del
jakseolcha (té medicinal) para tratar
diversas dolencias. Hadong todavía
cuenta con numerosos salones donde probar el té verde disfrutando de
las vistas de las montañas boscosas
salpicadas de templos budistas.

해안선 따라

En la costa

Si hay algún sitio donde se hace honor al calificativo de Corea como «el país de la Calma Matutina» es en sus 2.413 kilómetros de costa, donde el fluir de las mareas dicta el ritmo de la vida cotidiana.

La península de Corea divide las aguas que bañan las costas de China y Japón en el mar Amarillo y el mar del Este (también conocido como mar del Japón). Las diferencias entre las costas de Corea son drásticas: mientras la costa este forma una suave curva desde la frontera de Corea del Norte hasta Busan, la costa oeste y la sur parecen adentrarse en el mar, plagado de pintorescas bahías e islas.

Un ritmo natural

A lo largo de la costa, todo se rige según los elementos. Unas mareas suaves y las estaciones cambiantes marcan la rutina cotidiana con empleos basados sobre todo en la industria alimentaria y el turismo y las viviendas construidas a orillas de los estuarios y las llanuras mareales. En ningún lugar se advierte mejor la influencia del agua en la vida cotidiana que en el extremo norte de la costa este. La concatenación de largas playas como las de Naksan y

Gyeongpo son destinos muy populares para las vacaciones, y las de Yangyang constituyen el corazón de la cultura surfista. En el extremo opuesto de la costa, industrias como la naval han impulsado el crecimiento de ciudades como Ulsan y otras poblaciones importantes.

Aunque hay grandes franjas de la costa muy urbanizadas, buena parte permanece virgen. Puede que la costa oeste sea el paisaje coreano más espectacular, una maravilla geológica de inmensas mareas y diabólicas corrientes. Cuando el agua se retira deja al descubierto cuevas marinas ocultas como las de la península de Byeonsan, un capricho de columnas de roca y espectaculares acantilados coronados con bambú. Por su parte, la costa sur se distingue por una serie de penínsulas que se adentran en el mar y sirven de asentamiento para varias de las ciudades más bonitas de Corea, entre ellas Yeosu y Tongyeong.

Las mejores playas

Aportan una vibrante energía a unas costas donde reina la calma.

Haeundae

En la ciudad sureña de Busan, es la más popular de Corea: rodeada de bares, clubes nocturnos y restaurantes, un lugar para ver y que te vean.

Jungmun Saekdal

En la costa sur de Jeju, esta playa encajada entre acantilados volcánicos es uno de los lugares preferidos para el deporte acuático.

Naksan

Esta franja de arena fina y dorada en la provincia de Gangwon tiene unos amaneceres espectaculares y todo tipo de grandes restaurantes y cafés.

Daecheon

Sede del famoso Festival del Barro de Boryeong, Daecheon es la playa más grande de la costa oeste con 3,5 km de longitud y 100 m de anchura.

Ingu

En la costa este, en esta tranquila playa es donde los jóvenes coreanos surfean durante el día y celebran barbacoas por la noche.

Arriba La playa de Haeundae, en Busan

Derecha Venta de pescado fresco en el mercado de la ciudad de Jeju, en la isla de Jeju

Los frutos del mar

Además de la belleza natural, las aguas de Corea son una de las grandes fuentes de alimentos del país. La pesca siempre ha ocupado un importante lugar en la economía de la costa este donde abundan el calamar, la caballa y los cangrejos, alimentos básicos de la dieta coreana. Hoy día los pesqueros atracan en puertos como Pohang, donde las lonjas venden las capturas del día además de *mulhoe,* una sopa fría a base de cualquier tipo de restos de pescado que haya a mano. En muchos lugares de la costa este, la marea baja deja a la vista amplias llanuras mareales, Eso permite que los habitantes de la zona se calcen las botas de goma y salgan a coger los moluscos y las *gamtae* (una variedad de algas finas) que el mar deja en su retirada.

En el sur, las temperaturas cálidas y las brisas marinas dan lugar a una región agrícola muy productiva. El repollo y la batata de Haenam, el *yuja* (yuzu)

anaranjado de Goheung, los helechos de Namhae y el famoso té verde de Boseong —todos ellos ingredientes esenciales de la cocina coreana— están entre los mejores de todo el país. Además, esta abundancia se extiende incluso mar adentro, donde las corrientes fuertes y frías cargadas de nutrientes alimentan los cultivos de algas de Busan.

Las islas de Corea

Corea cuenta con más de 3.000 islas frente a sus costas. Las cálidas temperaturas, los paisajes espectaculares y un par de parques nacionales convierten las islas del sur —tantas que parece imposible contarlas— en destinos muy populares para las vacaciones. La más grande y poblada de ellas, Jeju, está a 83 km de la costa sur, y en su centro se eleva el volcán Hallasan. Como es lógico, Jeju siempre ha estado algo apartada del resto de Corea, con su propia cultura y su propio dialecto. Antes era una isla agrícola, pero Jeju se ha ido

convirtiendo en una atracción turística internacional con restaurantes a la última y grandes complejos turísticos que le han ayudado a cambiar de imagen. Aun así, es una zona en su mayoría residencial y la única de Corea donde todavía se ganan la vida las *haenyeo (p. 24)*. Entre las numerosas islas del sur destaca también la minúscula Oedo, convertida toda ella en un jardín de estilo mediterráneo.

Si las islas de las costas sur y oeste parecen demasiadas como para contarlas, en la costa este escasean. Destaca el lejano enclave de Ulleungdo, con unos 10.000 habitantes, muchos de ellos en pequeñas aldeas de pescadores; por la noche, desde la orilla se ven las luces de los barcos calamareros. Para la mayoría, las islas coreanas son un descanso de la vida cotidiana, lugares donde ir de luna de miel o pasar unos días haciendo surf. Pero otros muchos tienen allí su vida cotidiana, una donde el tiempo se mide conforme al ritmo de las mareas.

제주 해녀

Las *haenyeo* de Jeju

A lo largo de las orillas volcánicas de la isla de Jeju se oye un hipnótico silbido entre las olas. Estos sonidos melódicos, conocidos como *sumbisori,* forman parte de la ancestral técnica de respiración que utilizan las *hanyeo,* la singular comunidad de mujeres de Jeju que bucean a pulmón en las profundidades para recolectar la vida marina de aquellas aguas. Sin la ayuda de botellas de aire y equipadas únicamente con el traje de neopreno, las gafas de buceo y las aletas, estas buceadoras se sumergen, a menudo a 10 m de profundidad, y liberan un *sumbisori* cada vez que salen a respirar a la superficie.

Estas «madres del mar» son uno de los pocos ejemplos de una estructura matriarcal en Corea: han sostenido la isla de Jeju desde el siglo XVII. En tiempos en que los hombres morían en la guerra o pescando en el mar, las mujeres se convirtieron en las principales proveedoras del sustento, y fueron miles las que se dedicaron a este durísimo oficio: si la meteorología lo permite, las *haenyeo* —muchas mayores de 60 años y algunas por encima de los 80— trabajan hasta siete horas al día, 90 días al año. Viven entre la vida y la muerte (antes de cada inmersión suelen rezar por su salud y por una buena captura), pero se trata de una vocación arraigada en su sociedad. Las niñas comienzan a bucear con sus madres y abuelas desde los ocho años y aprenden la técnica de respiración que se ha transmitido de generación en generación durante siglos.

Aunque los métodos modernos de pesca y la diversidad de opciones profesionales han reducido el número actual de *haenyeo,* en 2016 la Unesco incluyó en su Lista del Patrimonio Cultural Intangible este oficio vocacional que hoy aún es un símbolo de la identidad absolutamente única de Jeju.

Mujer cargada con una buena captura tras una inmersión matinal

간략한 역사

Una breve historia

Conocida durante mucho tiempo como el «reino ermitaño», Corea se ha ido desarrollando sin hacer ruido, ha absorbido las influencias externas y ha respondido con unas innovaciones que han transformado el mundo.

Los inicios de la historia de Corea cobran la forma de un complejo relato de unas tribus nómadas y de unos reinos en conflicto. El ser humano llegó desde Siberia a la zona que hoy conocemos como Corea hace unos 40.000 años, y se cree que el primero de sus reinos, Gojoseon, se fundó hacia el 2333 a. C. El reino de Gojoseon (cerca de la provincia china de Liaoning) tuvo su propio gobierno independiente hasta el 194 a. C., cuando fue derrocado por el antiguo líder militar chino Wi Man, que después quiso aprovechar la proximidad a China para expandir el territorio de

Gojoseon, y en respuesta provocó el ataque de la dinastía china Han.

En un principio, Gojoseon resistió el ataque de los Han, pero acabó cediendo en el 108 a. C., y tardaron mucho en surgir de él tres nuevos reinos. El más grande, Goguryeo (37 a. C.-668 d. C.), utilizó su desarrollo militar para expandirse hasta que sus tierras llegaron al norte para adentrarse en la Manchuria de entonces y al sur en la actual provincia de Gangwon. Fue por Goguryeo por donde entraron el budismo y el confucianismo procedentes de China. En el sudoeste surgió Baekje (18 a. C.-660 d. C.), un reino sofisticado de inspiración china, y el tercer gran reino, Silla (57 a. C.-935 d. C.), ocupó el sudeste con su capital en Gyeongju. Cansado de los ataques de los reinos vecinos, Silla puso en marcha un acercamiento diplomático

Arriba Haedong Yonggungsa, en Busan, construida durante la dinastía Goryeo

Izquierda Mural en una tumba en Goguryeo

a la dinastía china Tang (que ejercía una enorme influencia en la península a través de la religión y las artes) y fraguaron su alianza. Gracias a esto, Silla pudo conquistar los reinos de Baejke y Goguryeo, pero esa alianza trajo de problemas, ya que los Tang pretendían crear sus colonias en la península. Tras batallar durante años para expulsar a las tropas de los Tang, Silla logró al fin unificar la península en el año 676.

La caída de Silla

El periodo del reino unificado de Silla duró hasta el año 935: una edad de oro con intercambios culturales establecidos en el recorrido de la ruta de la seda y el resto de rutas comerciales del oriente asiático. Pero hacia el final del siglo XVIII, las luchas de poder y los alzamientos minaron la autoridad de Silla. Mientras se

desgajaban territorios que formaban estados, el comandante militar Wang Geon ganaba reconocimiento por sus campañas y su generosidad pública. Hacia el año 913 fue nombrado primer ministro del estado de Taebong y en el 918 ya había conseguido (con la ayuda de cuatro generales) hacerse con el control de casi toda la península. En un guiño a Goguryeo, Wan Geon eligió para sus tierras el nombre de Goryeo: el explorador y escritor Marco Polo lo trajo a Europa, donde adoptó la forma de «Corea».

Los mongoles invadieron Goryeo en el año 1231. La población huyó a las islas y las fortalezas, y la corte se trasladó a la isla de Ganghwado. Aunque la resistencia fue sofocada y el país se convirtió en un estado vasallo, Goryeo recobró su autonomía a mediados del siglo XIV y poco a poco

Arriba Corona de oro del periodo Silla

Abajo El rey Taejo, fundador del reino de Joseon

Inventos de la era de Joseon

El reinado del erudito Sejong el Grande marcó en Joseon el apogeo de la ciencia y tecnología coreanas.

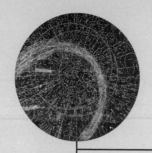

1395

Encargo de la realización de un planisferio celeste con 1467 estrellas, el segundo más antiguo del mundo que se conserva.

1429

Se escribe el primer libro coreano sobre técnicas agrícolas, el *Nongsajikseol*.

1434

Construcción del reloj de agua Borugak Jagyeongnu, que marca las horas con instrumentos musicales.

1433

Publicación del tratado médico *Hyangyakjipseongbang*, un avance en la medicina coreana.

1437

Invención de varios relojes de sol, incluidos un reloj de plomada y otro «de caldero».

1442

Diseño de un pluviómetro *(cheugugi)* para predecir el posible tamaño de las cosechas.

1448

Se inventa el *singijeon*, un aparato que catapulta decenas de flechas a la vez.

1447

Creación del sistema Jeongganbo de notación musical para registrar el ritmo y el tono.

1443

El rey Sejong promueve la creación de un alfabeto coreano propio, el *hangeul*.

fue recuperando su territorio. El final oficial del reino de Goryeo llegó en 1392, cuando el general Lee Seong-gye desobedeció las órdenes de atacar a la dinastía Ming de China y dio un golpe de Estado. Conocido posteriormente como el rey Taejo, Lee bautizó el nuevo reino como Joseon, trasladó la capital a Seúl y sentó las bases de una nueva era.

La última dinastía de Corea

La dinastía más duradera de la historia de Corea fue la joseonita (1392-1910), muy vinculada a la ideología confuciana *(p. 42)* que sigue presente en la Corea actual. La Corea moderna fue formándose durante esta época, y muchos de los avances se lograron a instancias del respetado rey Sejong el Grande (1397-1450).

En 1590, un Japón recién unificado bajo el gobierno del líder militar Toyotomi Hideyosi intentaba expandirse. Corea fue uno de sus objetivos principales: pensaban que sería fácil conquistarla por su tamaño y su proximidad, y, en 1592, Japón la invadió, inició la guerra de Imjin (1592-1598) y creó un conflicto entre ambos países que duró varios siglos. Cuando Joseon por fin rechazó a los japoneses, habían muerto cientos de miles de sus habitantes y sus militares.

Durante un breve periodo, Joseon se centró en su propio territorio y se cerró a Occidente hasta el punto de granjearse el apodo del «reino eremita». Su caída comenzó en 1862, cuando el reino se fue debilitando por los enfrentamientos entre facciones y por las revueltas del campesinado que desembocaron en el movimiento

Una nueva religión

Entre las amenazas que percibía Joseon se encontraba el catolicismo. Lo trajeron desde China los coreanos que regresaban a la península. Se consideraba incompatible con el neoconfucianismo y un posible desestabilizador de la estricta jerarquía social joseonita, y las autoridades ejecutaron a 10.000 coreanos católicos por su fe. Aun así, el catolicismo sobrevivió y se aceptó de manera oficial en 1886.

Donghak. Los japoneses (eternos adversarios a lo largo de los años) enviaron miles de soldados durante esa época y utilizaron la crisis del Donghak como pretexto para una invasión.

La anexión japonesa

Hacia finales del siglo XIX, al reino de Joseon le costaba responder ante los cambios que se producían en el mundo y en los equilibrios de poder. Era «una gamba entre ballenas», un peón en las ambiciones de otros países, y la invasión japonesa dio impulso a dos grandes guerras por hacerse con el control de Corea: la guerra sino-japonesa (1894-1895) y la guerra ruso-japonesa (1904-1905). Japón salió victoriosa y en 1910 puso fin de forma oficial a la dinastía joseonita (renombrada como Imperio de Corea durante sus últimos 13 años).

El periodo colonial japonés fue una época amarga para los coreanos. Japón explotaba a la población

además de los recursos, sofocaba la identidad coreana y aplastaba cada intento de lucha por la independencia del país, en especial durante el Movimiento del 1 de Marzo de 1919, la mayor manifestación del descontento coreano en aquellos tiempos.

La situación empeoró aún más con la Segunda Guerra Mundial, con otra serie de intentos de suprimir su identidad nacional y religiosa: los coreanos tuvieron que adoptar nombres japoneses, acudir a rezar a los templos sintoístas, y miles de mujeres se vieron forzadas a la esclavitud sexual.

Un oscuro periodo por delante

En 1945, Japón firmó la rendición y puso punto final a la Segunda Guerra Mundial. Corea fue liberada después de 35 años como colonia japonesa, y se produjo un vacío de poder. La Unión Soviética y Estados Unidos alcanzaron un acuerdo según el cual la primera ocuparía el Norte, y la segunda, el Sur. Esta división —al principio una línea recta, el paralelo 39 norte— condujo a la creación de la República Democrática Popular de Corea (Norte) y la República de Corea (Sur). En 1953 se estableció un área de exclusión, la Zona Desmilitarizada (ZDM).

En 1948, un antiguo miembro de la guerrilla antijaponesa, Kim Il-sung, gobernaba Corea del Norte; en Corea del Sur, Syngman Rhee, de formación estadounidense, que había sido muy activo en un gobierno en el exilio. Cuando el Norte trató de invadir el Sur capitalista para crear un país comunista unificado dio inicio a la guerra de Corea (1950-1953). El Sur recibió la ayuda de una coalición de las Fuerzas de las Naciones Unidas encabezada por Estados Unidos, mientras que el Norte contaba con el apoyo de las fuerzas aéreas soviéticas y de tropas terrestres chinas. Los

Los Juegos Olímpicos de 1988

Cuando la candidatura de Seúl para los Juegos Olímpicos de 1988 se impuso a la de Nagoya (Japón), Corea se convirtió en el segundo país asiático que organizaba el evento. Los Juegos supusieron para el país la oportunidad de mostrar con orgullo su desarrollo económico y su condición de potencia deportiva al terminar cuarta en el medallero olímpico.

estadounidenses arrojaron 635.000 toneladas de bombas sobre Corea del Norte, el bombardeo más intenso de la historia hasta entonces por parte de cualquier país.

Tras poner fin a la guerra en tablas, las dos Coreas estaban entre los países más pobres del mundo con buena parte de su población desplazada. En el Sur, tardaban en verse los efectos de las políticas reformistas del presidente Rhee, y tuvo que declarar la ley marcial para mantenerse en el cargo. Aun así acabó exiliándose tras unas protestas estudiantiles, y el general Park Chung-hee vio la oportunidad de hacerse con el poder con un golpe de Estado. Tras ganar unas elecciones limpias en 1963 y recurrir más tarde a métodos dictatoriales, Park intentó atraer la inversión extranjera y lanzó un plan económico quinquenal.

La expansión económica

Con la creación de unas grandes corporaciones llamadas *chaebol* (p. 70), que recibían encargos de la administración, Corea del Sur (a partir de entonces «Corea») se preparaba para el auge económico. Hacía falta mano de obra barata, y la población iba trasladándose del campo a las grandes ciudades. Allí la vida seguía unos códigos muy rígidos bajo el mandato de Park, y la Agencia Central de Inteligencia de Corea (KCIA) se aseguraba de cortar de raíz cualquier disensión. En 1979, el director de la KCIA asesinó a Park, y el país quedó en estado de shock.

El sucesor de Park fue el dictador Chun Doo-hwan, cuya brutal respuesta ante el Levantamiento de Gwangju generó un fuerte descontento popular. Las protestas se sucedían mientras Corea se preparaba para organizar

los Juegos Olímpicos de verano de 1988, y ya había gente reclamando la democracia y la marcha de las tropas estadounidenses. Obligado a ceder, Chung accedió a celebrar unas elecciones en 1987, a las que insistieron en presentarse Kim Young-sam y Kim Dae-jung, ambos con un largo historial de activismo opositor. Lo que hicieron fue dividir el voto y ofrecer en bandeja la presidencia al candidato de Chun, Roh Tae-woo; eso sirvió para extender unos años más el dominio de los hombres fuertes del ejército sobre la política coreana. Finalmente, ambos Kim consiguieron salir elegidos y alternarse en el poder entre 1993 y 2003 para cambiar de manera dramática el panorama político del país.

Predominio cultural

En 1997, Corea tuvo que hacer frente a ciertos problemas. El exceso de endeudamiento de los grandes bancos y corporaciones nacionales llevó al país a una crisis financiera asiática. Varias decenas de *chaebol* se declararon en quiebra, e hicieron falta distintas medidas de rescate. Curiosamente, esta situación dio pie a la emergencia

de Corea como influencia cultural, espoleada por los grandes esfuerzos del Ministerio de Cultura para potenciar la oferta cultural. El *hallyu* (la «ola coreana»), tal y como se conoció este movimiento, se inició a finales de los años 90 y enseguida situó al país en una posición de dominio amable. Este auge de la cultura —que desde entonces ha elevado el K-pop y el K-drama al estrellato— ha convertido Corea en un producto cultural irresistible, pero, más importante aún, ha conseguido que un país sin peso político durante mucho tiempo se asegure un lugar en la escena mundial. Los millones de fans han aumentado de forma colosal las cifras del turismo, dándole brillo a la reputación de Corea. Mientras tanto, los productos culturales surcoreanos se han vuelto tan atractivos para los norcoreanos —un «estado ermitaño» actual— que las autoridades los han tenido que prohibir allí.

Hacia el futuro

El *hallyu* ha ayudado mucho a la imagen global de Corea, pero eso no significa que se hayan acabado los problemas. Todavía falta para que la igualdad de género en el entorno laboral sea una realidad, y preocupan tanto la abultada deuda de los hogares coreanos como las bajas tasas de natalidad. Aun así, la historia ha demostrado que el país se une frente a la adversidad: arrastrada a las luchas de poder entre China, Japón, Estados Unidos y Rusia durante el último siglo, Corea ha logrado elevarse a un nivel único mediante un «poder blando», la innovación tecnológica y una fuerza de voluntad inquebrantable.

Bong Joon-ho con sus dos Oscar por la película *Parásitos*, en 2020

El conflicto entre Norte y Sur

Las dos Coreas llevan más de 70 años enfrentadas en un cara a cara, y no parece que vayan a firmar la paz.

1950

La Corea del Norte de Kim Il-sung lanza un ataque por sorpresa contra el Sur e inicia la guerra de Corea.

1953

Firma de un armisticio donde se fija la Zona Desmilitarizada como frontera entre las dos Coreas.

1976

Incidente del hacha en Panmunjeom: dos oficiales estadounidenses mueren en un ataque de soldados norcoreanos.

1968

Comandos norcoreanos están a punto de asesinar al presidente surcoreano, Park Chung-hee.

1978

Corea del Norte secuestra al director de cine Shin Sang-ok y a la actriz Choi Eun-hee, ambos surcoreanos.

2006

Corea del Norte realiza su primera prueba nuclear con el fin de desarrollar armas nucleares.

2019

Kim Jong-un se reúne con el presidente estadounidense Donald Trump en la Zona Desmilitarizada. Las conversaciones son infructuosas.

2017

Kim Jong-nam, hermanastro del líder norcoreano Kim Jong-un, muere asesinado en Malasia.

2010

La artillería norcoreana bombardea la isla de Yeonpyeong, en Corea del Sur. Mueren cuatro personas.

한국어

El idioma coreano

Más de 80 millones de personas hablan coreano en todo el planeta. Es uno de los idiomas que se extienden más rápido por el mundo hoy día, gracias sin duda a la explosión global de la K-culture.

El coreano, más conocido como hangugeo, es el idioma oficial de las dos Coreas desde hace mucho tiempo. Hoy lo hablan 50 millones de personas en Corea del Sur y casi 25 millones en Corea del Norte, aunque con algunas diferencias de vocabulario y acento entre ambos países.

En busca de los orígenes

La lengua coreana es muy anterior a la creación del sistema alfabético de escritura conocido en el Sur como *hangeul*. Se cree que está relacionado con la familia de lenguas altaicas, entre las que figuran el turco, el mongol y las lenguas tungúsicas de Siberia. El coreano antiguo, que recurría a caracteres chinos para expresar sonidos, es una de las primeras formas de lenguaje, y es probable que ya se usara en el periodo del reino de Silla. El coreano medio, derivado del antiguo, se utilizó desde el siglo X hasta finales del siglo XVI.

Puede que el chino clásico fuera el sistema de escritura tradicional del país durante siglos, pero era un alfabeto complejo que solo dominaban los más cultos, en particular los eruditos. Para combatir el analfabetismo y facilitar el acceso generalizado a la educación, el rey Sejong inició una reforma lingüística en la década de 1440 que condujo a una nueva forma oficial de escritura —conocida en un principio como hunminjeongeum— denominada *hangeul* desde principios del siglo XX.

Elementos básicos del habla

El alfabeto coreano actual está compuesto de 24 letras: 10 vocales y 14 consonantes. Algunos sonidos de estas letras no tienen su equivalente

Carteles y neones escritos en *hangeul* anuncian comercios y locales de ocio en Seúl

en otros idiomas, así que puede resultar difícil pronunciarlas. Por ejemplo, una de las consonantes suena a medio camino entre la l y la r simple. Los sonidos que más se parecen a las letras g, d y b suelen transcribirse fonéticamente como k, t y p, y se pronuncian a medio camino de sus sonidos latinos equivalentes.

Aunque los elementos básicos del idioma son los mismos en toda Corea, hay diferentes dialectos regionales y acentos (conocidos como *saturi*). Uno de los más característicos es el jejueo (o jejumal), que se habla en la isla de Jeju. Usa las mismas letras que el *hangeul*, pero también tiene palabras distintas al coreano común. La Unesco considera el jejueo una

El konglish

El vocabulario coreano integra términos en konglish: palabras generadas a partir del inglés conocidas como «préstamos». Por ejemplo, *aisyoping* (del inglés *eye shopping*) significa «mirar escaparates» y el *haendeupon* (de *hand phone*) es el teléfono móvil. Se suele situar el origen del konglish en la época final de la dominación japonesa, cuando la llegada de los soldados estadounidenses al sur tuvo su impacto en la lengua coreana y el inglés empezó a mezclarse con el coreano de un modo natural.

Arriba Estatua del rey Sejong, instaurador del *hangeul,* en Seúl

Derecha El calígrafo Yeo Tae-myeong, trabajando

lengua en situación de riesgo: se remonta a la dinastía Goryeo, pero hoy no la hablan más de 10.000 personas en la isla.

En la vida cotidiana

Las doctrinas de Confucio *(p. 42)* suelen teñir la forma de hablar. Dos valores fundamentales del confucianismo y de la cultura coreana como el honor y el respeto hacia los demás forman parte integral del idioma. Así, se utilizan diferentes términos honoríficos de respeto en función del hablante y del oyente. En general, el coreano se puede dividir en dos estilos: el *jondaenmal* y el *banmal.* El *jondaenmal* es la forma cortés de expresarse que se usa cuando uno se dirige a personas más mayores o a desconocidos (aunque sean más jóvenes). El *banmal* es el estilo informal que se utiliza con los más jóvenes, los iguales o los conocidos más cercanos. En resumen: al preguntar a alguien por la calle, se utiliza el *jondaenmal,* y el *banmal* cuando se está tomando algo con los amigos.

Dentro de los estilos *jondaenmal* y *banmal* hay varios niveles de expresión con variaciones en el grado de formalidad y de cortesía que se indican con diferentes terminaciones verbales. En el *jondaenmal,* el verbo *hada* («hacer») tiene en la forma *hasipsio* («hágalo, por favor») la manera más formal de pedirle a alguien que haga algo: puede verse en un cartel en una biblioteca, que dice *joyonghi haejusipsio* («guarde silencio»). *Haseyo* (que también significa «por favor, hágalo» dentro del estilo *jondaenmal*) es menos formal y se usa para dirigirse a los compañeros. Además, se

El alfabeto coreano

Las consonantes

*Son relativamente fáciles de pronunciar. Algunas tienen
una pronunciación distinta dependiendo de si
empiezan o terminan una sílaba.*

ㄱ	ㅂ	ㅋ
gi-yeok	bi-eub	ki-euk
ㄴ	ㅅ	ㅌ
ni-eun	si-ot	ti-eut
ㄷ	ㅇ	ㅍ
di-geut	i-eung	pi-eup
ㄹ	ㅈ	ㅎ
ri-eul	ji-eut	hi-eut
ㅁ	ㅊ	
mi-eum	chi-eut	

emplean diversos términos honoríficos
—como *ssi* o *nim*— detrás del nombre
o del título también en el estilo
jondaenmal. El *ssi* se suele añadir al
final del nombre de pila como muestra
de respeto a una persona, mientras
que el *nim* se añade detrás del oficio
(como en *seonsaengnim*, «profesor»)
o de un apelativo familiar (como en
abeonim, «padre»).

El aprendizaje del idioma

Para el hablante no nativo que decide
aprenderlo, el coreano es el modo
de empezar a entender una canción
de K-pop o de poder ver un K-drama
sin subtítulos. En 82 países por todo
el mundo, las escuelas Rey Sejong de
enseñanza del coreano colaboran
para hacerlo realidad: dan fe de
la popularidad de Corea y de sus
exportaciones culturales.

Las vocales

*Tal vez la más difícil de pronunciar sea la eu,
porque carece de un equivalente en español.
Para pronunciarla, haz un sonido «euj»
(como para expresar asco).*

ㅏ	ㅗ	ㅡ
a	o	eu
ㅑ	ㅛ	ㅣ
ya	yo	i
ㅓ	ㅜ	
eo	u	
ㅕ	ㅠ	
yeo	yu	

서예

La caligrafía

Crear una escritura decorativa con un pincel, papel, tinta y tintero de piedra es todo un arte. Es probable que el formato llegara a Corea desde China en el siglo IV a. C. y que los escritores utilizasen el único medio que había en Corea en aquel tiempo: el hanja, un sistema de caracteres chinos. En 1446, la caligrafía dio lugar a un nuevo alfabeto, el hunminjeongeum, que recibía su nombre de un documento que explicaba cómo trazar cada uno de los caracteres coreanos. Hoy se conoce como *hangeul*.

Muchos de los estilos de caligrafía que se han desarrollado después —desde el estándar *panbonche* («estilo antiguo») hasta el elegante *gungche* («estilo palaciego»)— tendieron a mezclar el *hangeul* con caracteres chinos. Sin embargo a inicios del siglo XX comenzó a florecer el orgullo por la escritura nativa, cuando los coreanos empezaron a buscar una manera propia de expresarse bajo una dominación japonesa. Un estilo dominante de caligrafía *hangeul* consistía en unos caracteres perfectamente alineados con un espaciado preciso entre ellos. No se trataba solo de lo que se escribía, sino de cómo se escribía, y la caligrafía se convirtió en una forma artística.

Ya sea con el hanja (que aún se practica hoy) o el *hangeul*, muchos calígrafos coreanos buscan un estilo tosco aunque armonioso, la libertad dentro de la perfección. Cada uno ha desarrollado su propio estilo, a base de un trazo más divertido o de un grosor irregular. Aunque la digitalización le ha quitado fuelle a la caligrafía coreana, que ya no se enseña, todavía sigue apareciendo con regularidad por todo el país, lo mismo en forma de grafiti en un acantilado que en la etiqueta de una bebida alcohólica.

Dando alas a la creatividad en un evento de escritura caligráfica

COREA ES
UNA TRADICIÓN ANCESTRAL

En cuanto a los principios básicos de la sociedad coreana, todos los caminos llevan al confucianismo, que es la esencia de la tradición coreana. Este código ancestral de conducta está presente en casi todos los aspectos de la cultura y la sociedad del país. ¿Una comida con amigos, familia y colegas de trabajo? Esperar a que empiece a comer la persona de mayor edad sentada a la mesa se considera una señal de respeto hacia la jerarquía. ¿Después de tanto trabajar solo tienes ganas de llegar a casa? Se supone que aún debes asistir a la cena de empresa tras la jornada laboral y mostrar espíritu de equipo. ¿Eres un hombre de entre 18 y 28 años? Se espera de ti que te alistes en el ejército y sirvas a la patria, que está por encima de todo. Aunque los estilos de vida modernos sigan generando cambios en el país con el paso de las décadas, el confucianismo aún impregna hasta los últimos rincones de la sociedad, desde el entorno educativo hasta los modelos de familia.

유교적 사고방식

La mentalidad confuciana

Una de las primeras cosas que hay que entender sobre la cultura coreana es el énfasis en el sistema de valores confuciano, presente en casi todas las formas de comportamiento y de relación social.

El debate acerca de si el confucianismo es una religión o un sistema de principios éticos viene de lejos, pero hay una cosa clara: esta escuela de pensamiento es la columna que vertebra Corea. El confucianismo tiene su origen en las enseñanzas de Confucio en la Antigua China, y su objetivo es una sociedad armoniosa. Para alcanzar este fin, hay que seguir una serie de valores y de reglas de conducta. Hay muchos principios básicos del confucianismo, pero los que han tenido un mayor impacto en la sociedad son el respeto a la jerarquía, el énfasis en el grupo frente al individuo y la devoción por la autosuperación.

Moldear la sociedad

El respeto por la jerarquía se suele lograr a base de reconocer a los superiores en la sociedad, ya sea porque tienen más años o una posición social más alta. Según las enseñanzas de Confucio, la armonía se alcanza comportándose de determinada manera en las cinco relaciones humanas básicas, como entre padre e hijo, por ejemplo. Por ese motivo los alumnos se inclinan ante los profesores, los empleados se quedan en el trabajo hasta que se va su jefe, y los hijos tienen una deuda impagable con los padres y se espera que los honren y los cuiden toda su vida.

El respeto a estas jerarquías tiene un profundo impacto en la sociedad en general, donde se considera que el grupo es más importante que el individuo. El orden social se logra a base de actuar pensando en el interés de la familia o la comunidad: al casarse con alguien que elevará su estatus o

Arriba Ceremonia en honor de Confucio en la Universidad de Sungkyunkwan, en Seúl

Izquierda El pensador neoconfuciano Yi Hwang (1501-1570), que figura en el billete de 1000 wones

al elegir una carrera que ayudará a la nación.

Podría parecer contradictorio que la educación y el esfuerzo por ser mejor —una idea muy individualista— sean tan fundamentales para el confucianismo. Sin embargo, competir con los demás por obtener las mejores notas y el mejor empleo es el modo de llegar a lo más alto de la jerarquía social, donde tantos quieren estar.

Un legado duradero

Es posible que hoy día haya muchos coreanos que no se consideren confucianos, pero las enseñanzas de este sistema ancestral están integradas en la mentalidad coreana: siguen permeando los pilares de la sociedad, incluidos la familia, el sistema escolar, el lugar de trabajo y el ejército.

El auge del sistema

La primera escuela

Las enseñanzas de Confucio llegaron a la península de Corea antes del año 372 d. C., cuando se fundó la primera academia confuciana.

Su impacto en el Estado

La ideología confuciana se afianzó en el poder político durante el periodo Goryeo (918-1392), porque las reglas de las jerarquías encajaban con la burocracia.

Desplazamiento del budismo

Durante el periodo joseonita (1392-1910) tanto la sociedad como los políticos fueron adoptando más el confucianismo. La realeza abandonó el budismo y se esforzó por debilitar los monasterios arrebatándoles sus tierras.

Neoconfucianismo

En su apogeo en Joseon, la doctrina central era el neoconfucianismo, una reinterpretación de las ideas fundacionales confucianas que añadía una dimensión espiritual.

Creencias religiosas

Aunque el confucianismo constituya una parte muy arraigada de la vida cotidiana en Corea, la religión es una decisión personal para muchos. Allí conviven en armonía diversos credos, en un ambiente general de tolerancia.

Con una asombrosa abundancia de templos e iglesias, Corea parece un país abiertamente religioso, y los creyentes se lo toman muy en serio: los fieles se muestran fervorosos en la iglesia, y los budistas laicos se postran con regularidad ante las estatuas de Buda. Aun así, ha habido un descenso en la fe, en especial entre los coreanos más jóvenes: algo menos de la mitad de los habitantes se identifica con alguna religión.

Sistemas fundamentales de creencias

De entre las religiones principales que se practican en Corea, solo el chamanismo es autóctono. El budismo, el cristianismo y el islam

llegaron de fuera, pero fueron aceptados y adaptados: algo que los coreanos han hecho una y otra vez con las influencias del extranjero.

El seon (zen) domina las múltiples escuelas del budismo coreano. Su fin es alcanzar un despertar repentino en lugar de una iluminación gradual a lo largo de numerosas vidas. Entre los que realizan los votos del bodhisattva —desprenderse de todos los lazos y las posesiones— están los monjes (seunim) y las monjas (biguni).

Con el budismo coexiste en armonía el chamanismo, la creencia de que el ser humano puede comunicarse con los espíritus. En Corea hay cientos de miles de chamanes, la mayoría mujeres: uno puede convertirse en chamán por vía hereditaria o por posesión de un espíritu. Ambos tipos de chamanes celebran los gut, rituales para traer la buena suerte o para exorcizar a algún espíritu maligno, por ejemplo.

El cristianismo coreano es casi dos religiones con diferencias que van más allá de la doctrina o los ritos: las iglesias protestantes tienen una imagen de prestigio y de orientación empresarial, y el catolicismo genera respeto por su apoyo a los derechos humanos y la democracia. El cristianismo también se ha desarrollado más allá de la línea establecida con la aparición de cultos pseudocristianos.

Los musulmanes representan solo el 0,4 % de la población: los comerciantes de la ruta de la seda fueron los primeros en traer el islam a la península hace más mil años, y los soldados turcos que sirvieron durante la guerra de Corea lo reforzaron. Más adelante, cuando los chaebol (p. 70) iniciaron proyectos en Oriente Medio, algunos trabajadores regresaron

convertidos al islam. La primera mezquita del país —y la sede de la Federación Musulmana de Corea— es la Masjid Central de Seúl.

Lograr la armonía

Para el país en general, la religión adquiere su máxima expresión durante las fiestas, cuando hasta los menos religiosos visitan los templos en el cumpleaños de Buda o acuden a la iglesia en Navidad. Que sistemas de creencias tan diversos coexistan en armonía es la prueba de una sociedad de sólidos cimientos.

Arriba La catedral de Myeongdong, lugar de culto para los católicos en Seúl

Izquierda Celebración del cumpleaños de Buda en el templo Jogye de Seúl

Cheondogyo

Es una de las religiones menores de Corea. Su origen en la década de 1860 está vinculado a las revueltas de los campesinos: surgió como reacción contra el catolicismo y combina elementos del chamanismo, el taoísmo, el budismo y el confucianismo. Esta fusión y adaptación de múltiples creencias tal vez la convierta en la religión más coreana en esencia de entre todas ellas.

Congregación de
aficionados en un
partido de fútbol

집단 역학

Dinámica de grupo

Según un dicho coreano, «vivirás si os mantenéis unidos, morirás si os separáis». Este proverbio condensa hasta qué punto es importante el grupo en la cultura coreana.

Si en Corea se da tanta importancia a lo colectivo y a la mentalidad de grupo es —como tantos elementos de su cultura— en gran medida resultado del confucianismo. Según las doctrinas de Confucio, el mejor modo de lograr el orden o la armonía social es buscar siempre el interés del grupo frente al propio. Esto supone seguir unas normas de conducta específicas como emplear un sistema de vocabulario honorífico que reconoce el estatus social y la diferencia de edad entre el hablante y el oyente, o comportarse de determinada manera en compañía de los mayores.

En general se considera que quienes se desvían de estas normas aceptadas son agitadores que alteran la dinámica de grupo. En el trabajo se entiende que es obligatorio asistir a los almuerzos de equipo o las cenas de empresa al final del día. En casa, se espera que la familia respete la jerarquía natural entre padres, hijos y ancianos.

El habla dice mucho

A veces las palabras valen más que los actos. En la conversación, el posesivo «mi» se suele sustituir por la forma plural «nuestro». Cuando uno se refiere a su madre, por ejemplo, habla de «nuestra madre», una manera de reforzar la sensación compartida de pertenencia y de generar solidaridad con los demás. Este rechazo al uso de palabras como «mi», «mío» y «yo» es una de las expresiones más básicas de esa cultura coreana centrada en lo colectivo.

Esto no significa que el individualismo no exista. El país entero puede unirse de forma increíble ante una crisis o un evento deportivo, pero las luchas internas y las rivalidades también están siempre presentes. Si el bien del grupo reside en las jerarquías, el impulso competitivo por llegar a lo más alto —como líder militar, por ejemplo— es por naturaleza individualista. Al fin y al cabo, el lugar que ocupa uno en el grupo importa tanto como el propio grupo.

Emociones colectivas

Se suele pensar que Corea posee una psique colectiva impulsada por emociones específicas que crean vínculos sociales.

Han

En el siglo XX, el *han* —una forma de dolor y resentimiento— era un elemento clave de la identidad coreana, una emoción fuerte que ayudaba a comprender el trauma colectivo coreano.

Jeong

Esta emoción compartida del amor, el apego y la añoranza se puede aplicar a personas, lugares y objetos. Para entender el *jeong*, piensa en lo que se siente al encontrar un juguete muy querido de tu infancia.

Nunchi

La capacidad de percibir con precisión el ambiente que reina en una estancia y adaptar la conducta de un modo acorde. Se valora mucho en el trabajo y en las relaciones personales. Quienes tienen un *nunchi* «rápido» son sensibles a la comunicación no verbal, al tono y a los términos elegidos al hablar.

나이: 단지 숫자에 불과한가?

La edad: ¿solo un número?

La pregunta «¿cuántos años tienes?» puede parecer muy sencilla, pero en Corea uno la contesta o no en función del contexto y de la intención del que lo pregunta. Es más, la respuesta lo dicta todo.

En Corea del Sur la edad está directa-mente relacionada con el estatus social. Por eso, antes de dirigirse a otra persona, los coreanos necesitan saber cuántos años tiene. Además, por muy fácil que pueda parecer el acto de revelar la edad de uno, en Corea tampoco está tan claro.

Dime, ¿qué edad tienes?

Hay que tener en cuenta algunas cosas antes de preguntarle su edad a alguien o de revelar la nuestra. En el entorno de las relaciones sociales, donde tratamos de crear lazos personales con alguien, lo preguntamos para ver si somos de la misma edad, más jóvenes o más mayo-res, y el resultado dictará nuestro modo de proceder. Considerando la impor-tancia de la jerarquía en el confucianis-mo, se espera que la gente se comporte conforme a su posición social. Los jóvenes, por ejemplo, deben mostrar respeto a los mayores con reverencias y con el uso de los títulos honoríficos (p. 37) durante la conversación. En las comidas, los más jóvenes reparten los palillos, sirven bebidas a los mayores y esperan a que la persona más mayor empiece a comer antes que el resto.

En el trabajo es menos habitual revelar la edad, y la gente se define por las funciones de su puesto y las jerarquías inherentes (p. 68). En los ambientes más formales también es de mala educación preguntar a otro su edad, en especial si está claro que es más mayor. Quizá no haya nada con una mayor influencia en una cultura que la edad, y desde luego que no es solo un número.

El cálculo de la edad

Decir tu edad resultaba todavía más complejo con el sistema tan único de cálculo de Corea formado por la «edad coreana», la «edad internacional» y la «edad anual». En el sistema de la «edad internacional» utilizado en todo el mundo, la vida comienza en el cero, y la edad de un individuo se incrementa un año con cada cumpleaños. Según la «edad coreana», se considera que el recién nacido tiene ya un año en el instante en que nace, y se le va sumando uno más cada 1 de enero. Es un misterio de dónde ha salido la «edad coreana», pero se cree que da cuenta del tiempo transcurrido en el vientre materno o que se deriva de un ancestral

Celebración del *doljanchi,* el primer cumpleaños oficial de un bebé

sistema numérico asiático donde no existía el cero. Sin calendarios ni registros de nacimientos, quizá los coreanos desconocían su fecha de nacimiento, de ahí que marcaran un año de edad en el año nuevo lunar.

Muchos, entonces, tendrían una «edad coreana» y una «edad internacional» entre las que podría haber una diferencia de hasta dos años. En algunos asuntos legales se utiliza también la «edad anual», conforme a la cual un bebé nace con cero años y va cumpliéndolos cada mes de enero. Los sistemas de edad múltiple han generado problemas durante mucho tiempo, en especial para el ejército, donde los varones han de iniciar un servicio militar obligatorio de 18 meses al cumplir los 28 años, y estos inconvenientes fueron en parte el motivo de que el Gobierno anunciara la eliminación de la «edad coreana» en diciembre de 2022 en pro únicamente de la «edad interna-cional», una decisión que contó con el respaldo de muchos ciudadanos, algunos de los cuales serán dos años más jóvenes en el momento en que la medida entre en vigor.

Los hitos vitales

Baegil

El día número 100 de la vida de un recién nacido merece una celebración especial que surgió (según se cree) en respuesta a las altas tasas de mortandad infantil de Corea en el pasado.

Doljanchi

El primer cumpleaños se celebra con una fiesta por todo lo alto. Se sirve un menú especial, y los invitados se ponen elegantes para la ocasión.

Seongnyeon-ui Nal

Para los jóvenes de 20 años, la ceremonia de la mayoría de edad en el mes de mayo supone la incorporación a la vida adulta.

Hwangap

Cumplir los 60 años se considera un logro, en gran medida como reacción a una época en que la esperanza de vida corta era la norma.

Vínculos familiares

La sociedad coreana está muy orientada al entorno familiar, cuyo núcleo sigue los valores de la lealtad, el respeto y la protección tanto de los miembros de la familia como del propio apellido.

La cultura coreana comienza y termina con la familia, que el confucianismo considera un microcosmos de la sociedad. Si se mantienen unas buenas jerarquías y relaciones familiares y, además, se antepone la familia a los propios deseos personales, la paz y la armonía llegarán de un modo natural.

La unidad familiar

Tradicionalmente, el hogar coreano lo constituía un clan familiar: varios hermanos con sus esposas e hijos que viven en la misma casa con sus padres y sus abuelos. El padre es la figura central de la sociedad patriarcal coreana, mientras que a la madre se la venera como a una santa, el pilar fundamental de la familia que, según la tradición, se encarga de llevar las cuentas del hogar. En las generaciones más mayores no es raro que el marido cobre la nómina en una cuenta que gestiona su mujer, que utiliza el dinero para cubrir todos los gastos de la casa y le da una asignación a él para sus gastos.

Aun así, ya no es tan típica esta situación que antes era la norma. En el *boom* económico de los años 60 y 70, muchos coreanos se marcharon del campo para buscar un empleo en la gran ciudad. En el siglo XXI, la gente se casa y tiene hijos más tarde que antes, si es que los tienen. Por eso la estructura familiar multigeneracional se ha vuelto menos común, y ahora lo más frecuente son modelos de familia nuclear. En el hogar típico actual, los hijos conviven con los padres hasta que se casan o se marchan a vivir solos.

Recién casados vestidos
con el *hanbok* nupcial

Costumbres nupciales

Pedida de mano

Arrodillarse para pedir matrimonio no es la norma. Entre los coreanos, los noviazgos pueden ser —o no— muy cortos.

Los regalos

Los *yedan* son regalos que la novia ha preparado para la familia del novio, y el *yemul* es un regalo que la familia del novio le hace a la novia. Unos y otros pueden ser objetos de lujo, alimentos o dinero en metálico.

Pyebaek

Durante la ceremonia, la pareja viste un *hanbok* nupcial y se inclina ante los miembros más mayores de la familia, que les dan sus bendiciones.

Comer fideos

En las bodas se sirve *janchi guksu* (fideos de celebración) como símbolo de la longevidad del matrimonio.

Azotarle los pies al novio

En este ritual se azota al novio en las plantas de los pies con una vara larga de pescado seco para endurecer su carácter.

Valores duraderos

A pesar de este cambio, lo que sí queda de los valores familiares tradicionales es el absoluto respeto hacia los padres, los ancianos y los antepasados, que se expresa en actos directos de lealtad filial. Esto procede fundamentalmente del periodo joseonita, cuando los *yangban* (hombres de clase alta) tenían que dejarlo todo si moría su padre o su madre y estar de luto durante tres años, que pasaban viviendo en un chamizo junto a la tumba con la renuncia a cualquier placer corporal. Aunque este grado de devoción hoy ya no existe, aún se espera de los hijos (en especial de los primogénitos) que cuiden de sus padres —en términos

Arriba El novio sirve una bebida a la novia durante la ceremonia nupcial

Derecha Imposición de una corona de la buena suerte a una novia en el siglo XX

económicos y de cualquier otro tipo—
cuando se hacen mayores.

El papel tradicional del hombre y
de la mujer conforme a las doctrinas
confucianas se ve muy claro en el
contexto del matrimonio. Al igual
que con la mayor parte de la cultura
coreana, comienza con la forma de
hablar y con los términos empleados
para ambos cónyuges. La esposa es
anae, que proviene de los términos
anjjok o *anbang* («dentro» o «habitación
interior») y *naebu* («interior»). Para la
esposa también se puede utilizar
el apelativo *jipsaram* («persona del
hogar»), mientras que para el marido
se suele utilizar la expresión *bakkat
yangban*, que significa «noble —o
aristócrata— en el exterior» y simboliza
el papel del hombre en el mundo
exterior.

Casarse

La decisión de casarse no se
toma, ni mucho menos, a la ligera.
Tradicionalmente, en la sociedad
coreana el matrimonio consiste
en algo más que la unión de dos
amantes: es la unión de dos redes
familiares al completo. Este legado de
fusiones familiares ha sido importante
durante generaciones, porque se
cree que la familia con la que te casas
influirá en tu vida y en tu posición
social, para bien o para mal.

Los padres siempre se han
involucrado en las cuestiones
matrimoniales y de pareja de sus
hijos: quieren y saben qué es lo
mejor para ellos y desean que la
siguiente generación viva mejor que
la suya. Una pareja que pretende
casarse suele presentar al otro a
su familia durante el noviazgo, y el
visto bueno de los padres para el

varía: algunos pueden querer ciertas
cualidades (como un nivel específico
de educación o un pasado familiar
concreto) en un futuro yerno o una
futura nuera, mientras que otros
pueden darle menos importancia a
estas cosas.

Según avanza la relación, los
novios presentan entre sí a sus padres
en una comida conocida como
sanggyeonnye y se comentan los
detalles preliminares sobre la boda
y la vida de casados, como dónde
vivirá la pareja. Al comienzo de la
era de Joseon, las mujeres tenían
los mismos derechos hereditarios
familiares que los hombres, de modo
que la norma era que el marido se
mudara a la casa de sus suegros con
la esperanza de obtener una porción
de la herencia de su esposa. Más
adelante, en el mismo periodo, se
instauró otro sistema que despojaba

a la mujer de su derecho a la herencia con el fin de fortalecer más el orden social patriarcal establecido. Hoy día, lo más común es que las parejas vivan por su cuenta tras la boda, o con los padres del marido.

La costumbre del noviazgo

En la sociedad coreana se considera el noviazgo en muchas ocasiones como el paso previo natural al matrimonio y la formación de una familia. En algunos casos, los padres siguen participando en la selección de las posibles parejas para sus hijos e hijas por medio de un matrimonio concertado (conocido como *jungmae gyeolhon)*, de una casamentera o de una agencia de información matrimonial donde inscriben los datos de sus hijos. En otros casos se puede optar por un *seon* (también conocido como *matseon),* una cita ligeramente formal que se suele concertar por medio de una casamentera o algún otro conocido. Aunque estos *seon* se celebran con el matrimonio en mente, esto no significa que ambas partes tengan que decidir si se van a dar el sí después de la primera cita. La pareja podría empezar a salir y, en algún momento, decidir si se van a casar o si seguirá cada uno su camino. Y, en otros casos, los noviazgos son solo una forma de diversión. Hoy no está mal vista la soltería, ni se percibe como algo raro en la misma medida

en que podía suceder hace décadas. Mucha gente se centra en su trabajo y en su carrera profesional, de modo que trabajan más horas y tienen poco tiempo (o ninguno) para las relaciones y para formar una familia. Por eso mismo, ahora los coreanos se casan más tarde y tienen menos hijos, hasta el punto de ser el país con la tasa de natalidad más baja del mundo. El auge de las aplicaciones y las citas por internet ha contribuido a este cambio generacional (no en vano, en Corea disfrutan de una de las velocidades más altas de conexión móvil a internet, *p. 196*). Aunque el noviazgo no siempre se vea como un medio para llegar al matrimonio, muchas aplicaciones siguen teniendo

Arriba Una pareja joven pasea por Seúl

Derecha Varias generaciones de una familia en Seúl en los años 90

en cuenta unos requisitos específicos como un cierto nivel económico o de formación. Otra manera popular de relacionarse son las *sogaeting*, citas a ciegas de corte informal que organizan los amigos a modo de presentación para quienes buscan una cita y, posteriormente, una pareja.

¿Qué dice tu nombre?

A pesar de todos estos cambios en el panorama matrimonial, la familia siempre ocupará un lugar destacado en la sociedad coreana: basta ver el duradero legado de los apellidos, que en la cultura coreana dan información sobre el origen de una persona. Cerca de la mitad de la población del país (sobre el 45 %) tiene uno de los tres apellidos más comunes en Corea: Kim, Lee o Park (en orden descendiente de frecuencia). Cerca del 20 % de los casi 50 millones de habitantes de Corea se apellida Kim.

¿Y por qué es tan común el apellido coreano Kim? Los miembros del clan familiar de los Kim fueron destacados gobernantes del antiguo reino de Silla durante 700 años. Salvo en el caso de los miembros de la aristocracia o la familia real, los apellidos fueron una rareza en Corea durante siglos antes de la dinastía Goryeo, cuando el rey concedía el apellido a sus súbditos en señal de favor. En la última etapa de la era de Joseon, la gente adoptaba unos apellidos que sirvieran de ayuda para ascender por la escalera socioeconómica, de modo que muchos escogían entre los nombres de los clanes ilustres como el de los Kim. Y no todos los Kim son iguales.

김
Kim

Un apellido surcoreano muy común que significa «oro» al escribirlo en caracteres hanja.

Se cree que habrá unos 300 clanes Kim, y los linajes de cada uno están vinculados a diferentes lugares.

En los documentos oficiales y otras gestiones administrativas, los nombres siempre se escriben con el apellido delante, seguido de un nombre de pila en dos partes. Así se pronuncia también cuando uno se presenta de manera formal, como en el trabajo o al conocer a alguien. Este orden específico del apellido y el nombre es otra expresión más del papel histórico de la familia en la identidad del individuo en la cultura coreana, una solidez familiar que se mantendrá pese a la ola de cambios del siglo XXI.

주거 문화

En casa

Las décadas posteriores a la guerra de Corea transformaron el hogar coreano con un gigantesco cambio de una vida rural a otra urbana. Aun así, vivan donde vivan los coreanos, el hogar es algo más que una estructura física.

El hogar coreano moderno a menudo es un cúmulo de contradicciones. De puertas afuera, la máxima expresión del éxito suele ser una casa bonita o un apartamento en un edificio elegante. Sin embargo, el hogar en sí —y aún más en las ciudades— es un lugar llamativamente privado y rara vez se abre a nadie más allá de los círculos del clan familiar.

Vida rural o urbana

En el campo, la vida en el hogar suele parecerse mucho a lo que ya era en el pasado. Mucha gente sigue viviendo en casas con su parcela y un pequeño patio donde puedan dejar unos tarros de *kimchi* y tener un *pyeongsang*, una pequeña tarima elevada donde descansan con sus vecinos. Hoy día, sin embargo, el coreano medio reside

de años. Con este estilo de vida, los coreanos ponen mucho cuidado en la limpieza, y siempre se quitan los zapatos antes de entrar en una casa. Es más, todas las viviendas, al margen de su tamaño, tienen una zona para descalzarse junto a la puerta principal, por lo general con un mueble zapatero empotrado.

Un espacio familiar

Pese a la irrompible unión tradicional entre la familia y el hogar, donde suelen convivir tres generaciones, la tendencia actual más significativa es la de la vivienda unipersonal, que constituye un tercio del total. Gran parte de este grupo demográfico son jóvenes que han pospuesto el matrimonio, y también coreanos ya mayores que han enviudado. Está claro que el decrecimiento demográfico volverá a cambiar la vida en los hogares coreanos en el futuro.

en la ciudad, por lo general en un apartamento que podría estar en una de las torres de rascacielos que dan cobijo a las clases medias y a las medias altas, o en uno de los edificios de ladrillo más antiguos y menos caros que llaman «villas». Esta transición al pequeño apartamento en las zonas de alta densidad de población ha cambiado drásticamente la forma de vivir. Con tanta gente tan cerca los unos de los otros, el ruido es un tema sensible: una de las primeras cosas que compran los padres cuando sus hijos aprenden a caminar son unas alfombras gruesas, para evitar a los vecinos de abajo la molestia de los pisotones de los niños. Las fiestas en las casas tampoco hacen mucha gracia a los vecinos, pero con tantos bares y restaurantes tan cerca, suele ser más cómodo reunirse fuera.

Dentro de casa

Una de las características fundamentales de la vida en el hogar coreano es el elevado porcentaje de esta que se realiza cerca del suelo. Hay quien duerme sobre un colchón en el suelo y come también sentado en él ante una mesita baja, con las piernas cruzadas, para sacar todo el partido al *ondol* de la casa *(p. 139)*, un sistema de calefacción de suelo radiante cuyo diseño básico data de hace miles

De visita

Los coreanos rara vez van de visita a casa de nadie que no sea un pariente, pero, cuando lo hacen, se respeta un cierto protocolo. Los invitados traen para el anfitrión un obsequio que suele ser algo sencillo que se pueda compartir, como un pastel o una botella de licor. Los invitados a un *jipdeuri* (fiesta de inauguración de una casa) llevan papel higiénico como símbolo de un continuo despliegue de salud y éxito, o detergente, porque las burbujas simbolizan la prosperidad. Las visitas deben evitar un vestuario demasiado informal, en señal de respeto hacia el anfitrión.

성과 성 정체성

Género y sexualidad

Dada la importancia del confucianismo a la hora de comportarse conforme a la posición que uno ocupa, existen unas estrictas expectativas en lo referente a los roles de género y la sexualidad.

De las cinco relaciones que el confucianismo considera fundamentales en la sociedad, la de los esposos es la que define el papel del hombre y de la mujer. Según el confucianismo, el hombre (considerado superior) sale de casa para trabajar mientras la mujer (subordinada) se queda en casa como cuidadora.

Durante el periodo joseonita, en particular, las tres características principales que definían a una mujer «virtuosa» eran ser una hija sumisa para su padre, una esposa para su marido y una madre para su hijo varón. No solo se esperaba que las mujeres fuesen castas hasta el matrimonio, sino que tampoco podían volver a casarse si fallecía su marido, para preservar la pureza del linaje paterno. También tenían prohibido el contacto con hombres (solo podían relacionarse con los familiares más inmediatos), se les

pedía que ocultaran el rostro en público y las obligaban a ponerse una capucha.

Salir del cascarón

Las coreanas comenzaron a tener la oportunidad de participar en la sociedad hacia finales del siglo XIX, cuando llegaron a la península los

misioneros y abrieron escuelas para la formación femenina. La guerra de Corea marcó otro punto de inflexión: cuando los maridos y los hijos varones se marcharon a combatir, las mujeres se vieron obligadas a mantenerse por sí mismas. En la posguerra desempeñaron un papel decisivo en la reconstrucción del país y demostraron lo importante que era que desarrollasen sus capacidades y lo independientes que podían ser en situaciones difíciles.

La incorporación de la mujer al trabajo se incrementó en los años 60 y, como cobraban menos, solían contratarlas para realizar trabajos manuales. Por primera vez en mucho tiempo, las mujeres no eran solo madres o esposas, sino que tenían su propia vida. Hacia 1963, algo menos de la mitad de las mujeres ya participaba en la economía, un número que

aumentó en los años 70. El movimiento feminista continuó creciendo frente a unos sueldos muy inferiores que los de los hombres. Durante el Año Internacional de la Mujer (1975) y el Decenio de las Naciones Unidas para la Mujer (1976-1985), grupos de mujeres coreanas asistieron a las conferencias globales para visibilizar la necesidad de unas mejores condiciones laborales y educativas.

Ya era hora

Hoy en día, las mujeres son miembros activos de la mano de obra en sectores que van desde la educación y la medicina hasta la ingeniería y los deportes. El mayor desarrollo se ha producido, quizá, en la educación. Entre la población más joven, la proporción de graduados escolares es más o menos la misma en chicos y chicas. Aun así, las coreanas continúan

Arriba Mujeres estudian para obtener el carnet de conducir en los años 60

Izquierda Una pareja casada en Seúl en 1903

enfrentándose a una situación difícil en una sociedad que sigue siendo fervientemente patriarcal. En cuanto a la igualdad de género, el salario aún es un problema significativo: Corea tiene la mayor brecha salarial de los 38 países de la OCDE (Organización para la Cooperación y el Desarrollo Económicos), donde las mujeres ganan un tercio menos que los hombres. Esa brecha salarial es una de las muchas formas de discriminación subyacente, aunque ya hace más de medio siglo de que las mujeres alcanzaron la igualdad constitucional de derechos.

El impacto en la sexualidad

Unas ideas tan estrictas sobre el género tuvieron un inevitable impacto sobre quienes no encajaban en los roles y las conductas esperadas. Bajo el confucianismo tradicional, el sexo es un tema prohibido en las conversaciones

Marcha durante el Festival de Cultura Queer de Seúl

y tan solo se considera necesario para engendrar un hijo dentro del matrimonio. La homosexualidad es un tabú condenado por alterar la armonía dentro de una sociedad erigida en torno a un sistema de familia heterosexual. En consecuencia, la implantación de los derechos LGTBI ha sido lenta. El derecho a no ser discriminado por la orientación sexual no se reconoció hasta el siglo XXI. Una década después, en 2013, se produjo un hito legislativo para la identidad de género cuando se permitió que las personas transgénero modificaran su sexo legal sin necesidad de someterse a la cirugía de reasignación. De todos modos, las libertades del colectivo continúan limitadas, en especial en el matrimonio. Las personas trans solo pueden casarse después de haber cambiado de sexo legal, ya que no está reconocido el matrimonio entre personas del mismo sexo.

Más allá de la ley, la actitud social está cambiando, sobre todo en la gran ciudad. El Festival de Cultura Queer de Seúl se celebra desde el año 2000, y algunos K-dramas muy populares han elevado la visibilidad de los problemas del colectivo con guiones muy potentes. Desde hace siglos, la importancia de honrar los valores tradicionales ha tenido su baluarte en el género y la sexualidad, que poco a poco se van transformando y reformulando con los jóvenes al frente.

La senda de los derechos de la mujer

El movimiento feminista coreano ha ido cobrando fuerza en la península durante el último siglo.

1886

Fundación de la Universidad Femenina Ewha, primera institución educativa moderna del país para mujeres.

1898

Unas viudas ricas fundan la primera organización coreana de defensa de los derechos de las mujeres.

1991

Una revisión de la ley coreana de familia reconoce ciertos derechos a las mujeres tras un divorcio, incluido un acuerdo de custodia de los hijos.

1987

Se aprueba la Ley de Igualdad en el Empleo para evitar la discriminación en las contrataciones y los ascensos.

1948

La mujer consigue la igualdad de derechos constitucionales de acceso a la educación, el trabajo y la vida pública.

2005

Derogación del sistema *hoju*, un registro familiar donde solo puede figurar un hombre como cabeza de familia.

2019

La Asamblea Nacional de Corea recibe el mandato de reformar las leyes para despenalizar el aborto.

2018

Surge el movimiento #MeToo en Corea cuando una abogada fiscal afirma haber sufrido acoso sexual en el trabajo.

2013

El ritmo del acceso de las mujeres a la educación superior comienza a superar al de los hombres.

이마
지방이식
헤어라인 교정
모발이식
눈매교정술
안면윤곽
코 재수술
물방울모양 가슴성형
* 이해를 돕기 위한 이미지 사진으로 실제와 다를 수 있습니다.
수술 부위:

이상적인 외모상

El ideal de belleza

Aunque la aspiración a la belleza no es un fenómeno único, es justo decir que la importancia que se da al aspecto físico en Corea es desproporcionada. Las mujeres, en particular, sufren la presión de estar a la altura de las expectativas. Las calles están llenas de tiendas de productos cosméticos, y los anuncios de cirugía plástica dominan los pasillos del metro. Resulta socialmente aceptable —aunque no siempre agradable— que la gente hable sin tapujos sobre el peso y el aspecto de unos u otros.

En esta sociedad competitiva, la belleza es crucial. Las solicitudes de empleo suelen incluir una foto, y los candidatos más «atractivos» parten con ventaja. Muchos se esfuerzan en encajar en el estrecho ideal coreano de belleza —bajo influencia occidental—, desde la piel pálida y el rostro en forma de V para las mujeres hasta la nariz respingona y un cuerpo esbelto y musculoso en los hombres. Este deseo de ajustarse al ideal ha llevado a Corea a convertirse en la capital mundial de la cirugía plástica con el índice más elevado de intervenciones por habitante. Es especialmente común la doble cirugía de párpados para tener unos ojos más grandes y más redondos.

Sin embargo, el auge global del movimiento #MeToo ha animado a algunas mujeres a rebelarse contra esta obsesión por la belleza. La campaña de 2018 «Escape the Corset» («Libérate del corsé») vio cómo sus seguidoras tiraban sus productos de maquillaje y se cortaban el pelo. Mientras tanto, las más jóvenes han empezado a rechazar la delgadez y la piel clara y a cambiarlas por la *geongangmi* (belleza saludable), una estética que valora la musculatura sin grasa y la piel morena. Tal vez siga habiendo anuncios de cirugía por todas partes, pero las aspiraciones están cambiando.

Anuncios de cirugía estética en una estación del metro de Seúl

Escolares en el
templo Yongjusa, en
la provincia de
Gyeonggi, en 1980

Formar a una nación

La educación —y el éxito que trae consigo— es una obsesión total. Abundan las academias preparatorias, el sector de las clases particulares es inmenso, y Corea está entre los puestos de honor en la lista de los países mejor formados.

En una sociedad tan competitiva como esta, la formación siempre ha sido la manera de progresar en la vida. Puede parecer que esa apuesta por el desarrollo personal no cuadra con el énfasis confuciano en la mentalidad de grupo, pero se trata de algo más complejo. Cuanto mayor sea tu formación, más oportunidades se supone que tendrás en la vida, y, dado que el confucianismo se centra en la jerarquía, la mayoría de la gente se esfuerza para que le vayan las cosas bien y poder ascender a una posición social respetable.

Un indicador de estatus

El nivel de formación del individuo también ha tenido desde antiguo un profundo impacto en la familia. Durante la dinastía Joseon, el estatus noble de *yangban* no se concedía solo por el linaje familiar. Una manera decisiva de conseguir poder para tu familia era aprobar el *gwageo* (el examen nacional para la función pública), que requería años de estudio de las doctrinas de Confucio. Eso sí, nada de dormirse en los laureles:

una familia podía perder su privilegio cuando suspendían el examen cuatro de sus generaciones.

El *gwageo* dejó de convocarse en 1894, pero se ha conservado el deseo de progresar tanto para uno mismo como para la propia familia.

El sistema educativo

Corea mantiene ahora un sistema educativo abierto a todos. El colonialismo japonés trajo la escuela primaria y la formación profesional, y, tras la Segunda Guerra Mundial, se adoptó un sistema educativo basado en el estadounidense. Luego llegaron las reformas y las inversiones estatales para mejorar el acceso y hacer obligatorias las enseñanzas primaria y secundaria. El esfuerzo dio sus frutos, y el país se convirtió en uno de los mejor formados. El sistema educativo público de Corea consiste en seis años de primaria (que comienzan a los 7 años), tres años de secundaria y tres de instituto. El plan de estudios lo fija el Ministerio de Educación. Entre las asignaturas fundamentales en primaria se incluyen las matemáticas

y la lengua coreana además de moralidad e inglés (a partir de los 9 años). Desde los cursos de secundaria, las clases son una mezcla de materias obligatorias como los estudios sociales y otras optativas como la formación medioambiental. Una vez en el instituto, los alumnos pueden elegir entre acceder a un centro especializado como una escuela de informática o a un instituto de formación profesional para aprender un oficio como el de mecánico de automóviles. Hay una buena cantidad de escuelas internacionales privadas (y caras) que ofrecen un programa de inmersión lingüística en inglés: hablarlo da prestigio, puede ofrecer muchas ventajas, y es frecuente que los alumnos de secundaria y de instituto pasen dos años estudiando en el extranjero, en algún país de habla inglesa.

Un ascensor social

Tal y como sucede con tantas familias, muchos padres sueñan con que sus hijos accedan a la Facultad de Derecho o a la de Medicina, o que entren a trabajar en una empresa de prestigio como Samsung, y la única manera de conseguir esos empleos es obtener un título por una de las mejores

El Suneung

La famosa prueba de acceso a la universidad en Corea no es solo un momento de estrés para los alumnos, sino que afecta a todo el país. Una vez al año, en noviembre, los bancos, los comercios y la bolsa abren una hora más tarde para reducir los atascos, y se prohíben los aterrizajes y despegues de aviones durante la prueba de *listening* en inglés. Los chicos que lleguen tarde pueden solicitar una escolta policial gratuita hasta su lugar de examen.

universidades: Corea tiene más de 200, pero existe una durísima competencia por ocupar las plazas en las universidades punteras como las facultades de las «SKY» —la Universidad Nacional de Seúl (S), la Universidad de Corea (K) y la Universidad Yonsei (Y)—, el Instituto Avanzado de Ciencia y Tecnología de Corea (KAIST) y la Universidad de Sungkyunkwan. Así, los padres se esfuerzan en vivir en zonas con buenos colegios, porque para lograr una plaza en una de esas universidades de prestigio hay que empezar por ir a las mejores guarderías.

También hace falta una magnífica nota en el Suneung, la prueba de acceso a la universidad. Los padres pueden haber inscrito a sus hijos en academias de estudios extraescolares (*hagwon*) para prepararlos, y suelen empezar a los 4 años con las clases de preescolar en inglés. Para tener ventaja, algunos alumnos reciben clases particulares en casa (en Corea, este sector es uno de los más potentes del mundo). Muchas familias dedican la mitad de sus ingresos a estos gastos, uno de los numerosos sacrificios personales que hacen las familias para

asegurarse la mejor educación para sus hijos. La situación se caldea en el instituto, donde los alumnos participan en sesiones de estudio autodidacta supervisadas por profesores que suelen durar hasta las diez de la noche, y el estudio continúa en casa. Esta presión quema a los jóvenes coreanos, que están entre los más infelices del mundo por grupos de edad, y los lleva a la ansiedad y la depresión.

El futuro de la educación

Pero no todo consiste en conseguir el puesto más alto. Hay muchas instituciones fuera del sistema educativo oficial, como los centros comunitarios, que ofrecen formación. Hay quien renuncia a la senda recomendada con el fin de convertirse en médico o en abogado y, en cambio, decide estudiar por diversión. La programación informática, por ejemplo, se ha convertido en uno de los pasatiempos preferidos, algo lógico en un país que fomenta una cultura de internet tan potente.

Sin embargo, el futuro de la educación superior está en el aire: con la baja natalidad de Corea, las universidades de la zona media y baja están teniendo problemas para mantener ciertos departamentos, y muchas de ellas recurren a los alumnos extranjeros para engrosar sus listas de inscritos; en consecuencia, Corea tendrá cada vez menos graduados durante los próximos 20 años.

근면

Trabajar duro

En la sociedad coreana, se trabaja para vivir y se vive para trabajar.
El sacrificio personal por medio del esfuerzo en el trabajo forma
parte de los valores de la nación: los comercios permanecen abiertos
hasta tarde, y en las oficinas se suele trabajar hasta el anochecer.

Da igual lo dura que haya sido la jornada, es de mala educación marcharse del trabajo antes que tu jefe: una señal de respeto que impulsa la vida corporativa. Las jerarquías confucianas están muy presentes en un entorno laboral con cierto aire castrense, donde todo el mundo ha de conocer el lugar que le corresponde. Para los no iniciados, la jerarquía corporativa puede resultar desconcertante con su amplio abanico de títulos y escalafones, pero todo el mundo se comporta conforme a su papel.

Aun así, es importante señalar que un equipo de trabajo de una oficina se puede parecer mucho a

Arriba En metro
a trabajar

Izquierda Empleados
de la tecnológica
Viva Republica en sus
oficinas de Seúl

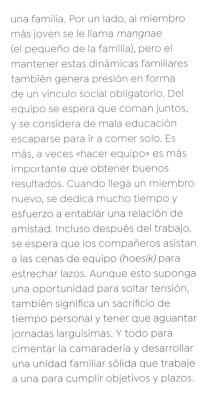

una familia. Por un lado, al miembro más joven se le llama *mangnae* (el pequeño de la familia), pero el mantener estas dinámicas familiares también genera presión en forma de un vínculo social obligatorio. Del equipo se espera que coman juntos, y se considera de mala educación escaparse para ir a comer solo. Es más, a veces «hacer equipo» es más importante que obtener buenos resultados. Cuando llega un miembro nuevo, se dedica mucho tiempo y esfuerzo a entablar una relación de amistad. Incluso después del trabajo, se espera que los compañeros asistan a las cenas de equipo *(hoesik)* para estrechar lazos. Aunque esto suponga una oportunidad para soltar tensión, también significa un sacrificio de tiempo personal y tener que aguantar jornadas larguísimas. Y todo para cimentar la camaradería y desarrollar una unidad familiar sólida que trabaje a una para cumplir objetivos y plazos.

La mentalidad en los negocios

Sin embargo, las obligaciones están cambiando. Es posible que el trabajo siga en el centro de todo, pero —igual que en el resto del mundo— lo de tener un solo trabajo en la vida ya no es algo inamovible. Las generaciones más jóvenes, en particular, encadenan cambios de empresa o de campo y están reorganizando una mano de obra que se creó a partir de la lealtad a la compañía. Aunque hay muchos que se esfuerzan en el trabajo para llegar a lo más alto, otros se contentan con probar algo, hacer lo mínimo indispensable y pasar a otra cosa.

Esto no significa que quienes no se someten a la cultura laboral tradicional lo vayan a tener fácil. Ir a la contra y no esforzarse por alcanzar el éxito se puede interpretar como una decepción para la sociedad. Pese a los esfuerzos por lograr un mejor equilibrio entre la vida privada y el trabajo, la cultura laboral coreana puede suponer una dificultad para mucha gente, en muchos sentidos. Aun así, con la constante revisión y estudio de las prácticas laborales como las *hoesik,* es posible que lleguen más cambios a esta cultura laboral coreana en un futuro no muy lejano.

충실
Chungsil
Significa «sinceridad», tener una dedicación absoluta a tu empresa y sacrificarlo todo por ella.

재벌

Los *chaebol*

No es exagerado hablar del inmenso poder que ostentan en Corea los *chaebol*, conglomerados empresariales como LG y Samsung. El nombre procede de las palabras chinas «riqueza» y «camarilla», y es muy apropiado: estas inmensas corporaciones suelen estar controladas por grupos o familias adineradas con una enorme influencia en las cuestiones nacionales. Aun así, en esta etimología falta el matiz del tamaño: el 90 % del producto nacional bruto de Corea procede de los *chaebol*.

Al fin y al cabo, estas corporaciones se crearon para ser dominantes. Muchas se remontan al periodo colonial japonés, cuando las pusieron en marcha unos propietarios de pequeños negocios con un gran instinto (Samsung, por ejemplo, en sus inicios era una tienda de comestibles). En 1961, cuando el presidente Park Chung-hee trazó un plan de fomento de la industria nacional, los *chaebol* fueron vitales y prosperaron gracias al trato preferencial que recibieron. Sin apenas competidores ni regulaciones, beneficiaron al país con sus exportaciones de productos baratos con la ayuda, hay que recordarlo, del gigantesco volumen de una mano de obra muy productiva.

No es fácil trabajar para un *chaebol*. Hay mucha competencia para ocupar unos puestos en los que uno puede someterse a una presión elevada. Además, es muy difícil acceder a un ascenso a lo más alto: muchos de los *chaebol* parecen clanes familiares donde los fundadores, hombres, entregan el poder a su prole. Pero los cambios están en marcha: véase el caso de la plataforma operadora de internet Naver y su dirección femenina, que hacen gala de dejar al margen a la familia. El futuro de los *chaebol* ofrece la esperanza de un mayor establecimiento de los derechos de los trabajadores y de que ese nepotismo es cosa del pasado.

Las formas rectilíneas de las oficinas centrales de Samsung en Seúl

Arriba Guardia en el Área de Seguridad Conjunta (JSA), en Panmunjeom

Derecha Soldados en unas maniobras de invierno en alta montaña en el condado de Pyeongchang

군사적 전망

Una actitud militar

Desde el final de la guerra de Corea en 1953, Corea del Sur ha tenido que mantenerse en guardia en el aspecto militar, y para ello ha contado con la presencia de soldados estadounidenses y ha desarrollado unas fuerzas armadas propias muy potentes.

Cuando un joven coreano (solo los hombres) se marcha para realizar su servicio militar obligatorio de 18 meses o más, sale de casa armado con un arsenal de consejos de sus padres. El reclutamiento es al mismo tiempo un adiós a la adolescencia y una sombría congelación de las aspiraciones personales por el bien de la patria. En ninguna otra parte se hacen más evidentes el rango y la jerarquía que en el ejército, donde participar es inevitable, lo contrario a una elección.

Una instrucción intensiva

Durante la guerra de Corea, el Sur sufrió contra un ejército mejor equipado e instruido, y desde entonces ha trabajado mucho para evitar que esto se repita. Aunque algunos hombres asisten a academias militares para convertirse en soldados profesionales, la mayoría entra en el ejército por el servicio militar obligatorio, que se ha ido reforzando desde 1957. El periodo mínimo de año y medio del servicio se realiza entre los 18 y los 28 años. Tras esos 18 meses, el joven pasa a la reserva y tiene que realizar varios días de instrucción al año durante los siguientes ocho años, aproximadamente. Para minimizar los trastornos en la carrera profesional, muchos optan por terminar el servicio durante su etapa universitaria.

Las posibles pegas de la vida militar incluyen una instrucción básica, unas condiciones de vida espartanas y la exposición a los duros elementos, en especial en el caso de los destinados cerca de la Zona Desmilitarizada (ZDM). Aun así, el servicio militar se ha suavizado algo ahora que se permiten los teléfonos dentro de las instalaciones y que se disfruta de más días de permiso.

Por otra vía

Quizá sea preferible un puesto en el programa KATUSA (Apoyo Coreano al Ejército de los Estados Unidos), que estar haciendo guardias todos los días. Los soldados de KATUSA trabajan como intérpretes o instructores para el ejército estadounidense. Los candidatos deben hablar un inglés fluido, y se eligen por sorteo. Otros jóvenes quedan exentos del servicio militar por motivos de salud, a los que llaman medio en broma «hijos de Dios». A los exentos (incluidos los objetores como los testigos de Jehová) se les asigna otro tipo de servicio, como trabajar en una residencia. La exención también se le concede a cualquier hombre que haya obtenido una medalla en los Juegos Olímpicos o en los Juegos Asiáticos, o al que finalice en primera posición en un concurso de ballet o de música clásica, actividades que pueden impulsar la imagen de Corea (aunque aun así han de realizar cuatro semanas de instrucción militar básica). Ha habido un intenso debate al respecto de si las estrellas del K-pop, como los miembros de BTS, también deberían estar exentas (finalmente, algunos de ellos sí tuvieron que alistarse).

El futuro de la mili

En este sector masculino, las mujeres tan solo pueden alistarse de manera voluntaria. Una de las vías son los programas del Cuerpo de Formación de Oficiales en la Reserva (CFOR) en las universidades femeninas. Ahora bien, con una baja natalidad y en constante descenso, es muy posible que las mujeres también se tengan que alistar en el futuro por el bien de la patria, una propuesta que ya ha planteado algún político en 2021.

La ZDM

Cuando Japón cayó derrotada en la Segunda Guerra Mundial, el mapa de Corea quedó dividido por una línea recta acordada entre la Unión Soviética y Estados Unidos: los soviéticos gestionarían el territorio norte, y los americanos, el sur. Después de que la guerra de Corea terminara en tablas, se creó una frontera a lo largo de la línea de alto el fuego. Aunque se llama «Zona Desmilitarizada», los 4 km de ancho de la ZDM —casi todo monte asilvestrado hoy día— en realidad están sometidos a una intensa militarización, llenos de minas y patrullas militares.

COREA ES

UN TOQUE DE SABOR

Preguntar ¿qué has comido? es una de las formas más frecuentes de saludar en Corea, y lo dice todo sobre el papel de la comida en la sociedad. Según la superstición, la olla arrocera debe ser uno de los primeros utensilios que uno mete en casa, y los hombres y mujeres del tiempo orientan al público sobre cuándo empezar a preparar el *kimchi* (para cuyo almacenaje los ingenieros coreanos han inventado una nevera especial). Tal vez hayas oído hablar del *kimchi* y el *bibimbap*, pero la cocina coreana es mucho más que eso. Los pasteles de arroz picante triunfan en los puestos callejeros, los cumpleaños se celebran con una reconstituyente sopa de algas, y las botellas de *soju* son un clásico cuando se sale de noche con los amigos. El mejor modo de conocer Corea es salir a comer: algo bien sencillo en un país donde cualquier reunión es una excusa para comer fuera y comer bien.

대표 음식

Unos platos únicos

El K-pop y el K-drama no son los únicos que han
conquistado el mundo: la gastronomía coreana, colorida,
picante y aromática, ha sido uno de los motores del
hallyu, y por buenos motivos.

Si la cocina coreana es tan única y tan
popular, es gracias a la irresistible
combinación de texturas,
temperaturas y sabores que podemos
probar en un solo bocado. Ahí
tenemos el fortísimo picante y la
intensidad del ajo de sus platos más
contundentes; la acidez, la frescura y
lo crujiente del plato de repollo

fermentado que es su buque insignia,
el *kimchi*, tan desconocido fuera de
Corea hace bien poco, y ahora un
plato habitual en todo el mundo. De
hecho, términos como *bulgogi*,
japchae, *kimbap* y *samgyeopsal* son
ya tan normales en el habla inglesa
que figuran en el Oxford English
Dictionary.

La dieta cotidiana

La típica comida coreana consta de varios platos: un cuenco de arroz, una sopa, *kimchi* y *banchan,* una serie de guarniciones compartidas que suelen incluir verduras condimentadas. Para redondear el menú, también se puede servir alguna proteína como un pescado a la parrilla o cerdo marinado. La disposición de la mesa siempre es la misma: el cuenco de arroz se coloca a la izquierda, la sopa a la derecha; unos palillos y una cuchara descansan a la derecha de la sopa, a menudo sobre un pequeño soporte. Si el plato principal de ese día es un estofado o *jjigae* (en cuyo caso no se sirve la sopa), se suele cocinar en una vasija de barro que va directa del horno al centro de la mesa.

Los menús coreanos no son una complicada consecución de platos, sino que todo se come a la vez. Se trata de ir picando un poquito de todo entre los bocados de arroz y las cucharadas de sopa. No hay dos bocados iguales. Los palillos y las cucharas se alternan entre los platos y combinan aromas, sabores, texturas y temperaturas.

Un cambio en la tradición

Aun así, no todas las comidas siguen este patrón clásico (carbohidratos, verduras y muy pocos fritos). Desde la década de 1990, la prosperidad económica y las influencias occidentales han transformado los hábitos gastronómicos. Los coreanos están agregando cada vez más ingredientes occidentales a su dieta. En lugar de desayunar *doenjang jjigae,* es posible tomar un cruasán. Los lácteos también han entrado en las recetas de la última década con unas cadenas y restaurantes de comida rápida que incluyen en sus cartas platos como las tortas picantes de arroz con cataratas de queso mozzarella fundido y aceitoso. También se combina la nata con *gochujang* (pasta roja de guindilla) para crear una salsa rosa italocoreana.

Pese a esta evolución, el paladar coreano sigue habituado a la búsqueda de los sabores picantes, ardientes y con sabor a ajo. Así pues, aunque las recetas de fusión tengan su espacio y su momento, el núcleo de la cultura gastronómica siempre serán los platos tradicionales que han sido el sustento de los coreanos desde tiempos inmemoriales.

El veganismo original

A partir de 2020, los *influencers* de habla inglesa aumentaron su fama en las redes sociales con la promoción de la «K-food vegana», pero hace ya 1700 años que los monjes siguen una dieta de base vegetal tal y como recomienda la filosofía budista. La alimentación de los templos coreanos se diferencia de la moda vegana en la exclusión de aromas fuertes como los de la cebolla, el ajo y el puerro, convencidos de que distraen de la práctica espiritual.

1 Pollo frito coreano aderezado

2 Un colorido cuenco de *bibimbap*

3 Preparando un estofado en uno de los mercados de Seúl

4 *Bulgogi* coronado con champiñones

Corea destaca por sus innumerables y deliciosos platos, desde unos caldos helados hasta unos ardientes fideos. Sin embargo, hay algunas especialidades destacadas que en algunos casos no han cambiado en siglos o bien son nuevas y atrevidas.

Pollo frito coreano

También conocido como el KFC (Korean Fried Chicken), es una incorporación relativamente moderna e internacional al panorama culinario de Corea, para saciar a una generación que desea una comida rápida y fácil. El truco está en el aderezo añadido, ya sea una salsa de ajo, miel y soja o un glaseado dulce, picante y pegajoso de *gochujang*. El KFC puede tomarse como plato principal y también como entrante, pero lo más normal es disfrutarlo con una cerveza al salir por las noches. Tanto es así que el conjunto de pollo (*chikin*) y cerveza (*maekju*) ha dado pie a un término nuevo: *chimaek*.

Bibimbap

Literalmente «arroz mezclado», es un magnífico ejemplo de esa armonía en el sabor y el equilibrio nutricional que hacen de la cocina coreana algo muy especial. Este plato tan aceptado en todo el mundo consiste en un arroz coronado con una variedad de verduras aderezadas (espinacas, zanahorias y brotes), ternera marinada, un huevo frito y una cucharada de *gochujang*. A veces se sirve en un cuenco de piedra caliente, y todos los ingredientes deben mezclarse para comerlos con cuchara.

Sopas y estofados

Las comidas basadas en un plato de arroz se suelen servir con algún tipo de sopa, que puede ser un sopicaldo (*guk* o *tang*) o un estofado más denso y sustancioso (*jjigae*). El *guk* común incluye algas marinas (*miyeokguk*), ternera picante (*yukgaejang*) y brotes de soja (*kongnamulguk*). Los *jjigae* más populares son el estofado de soja y el de *kimchi*. El *jeongol*, por su parte, es la versión coreana de un guiso, un plato compartido de carne, marisco o buñuelos con un caldo y verduras. Se suele cocinar en un hornillo de gas portátil sobre la propia mesa y se toma como plato principal.

Bulgogi

Podría significar «carne de fuego», pero el *bulgogi* no es picante. Este plato está hecho a base de finas tiras de ternera marinada en una salsa de sésamo de soja dulce, a menudo con un toque de ajo. La tradición de asar carne marinada se remonta a uno de los primeros reinos, el de Goguryeo (37 a. C.-668 d. C.), cuando se preparaba en unos pinchos antes de la introducción de la parrilla. Más adelante, durante la dinastía joseonita, las tiras finas de carne eran una especialidad que se servía en la corte y de la que disfrutaban las élites. Hoy día los ricos no tienen la exclusiva, sino que es un plato habitual en los hogares, ya sea en una plancha sobre los fogones, en la barbacoa o salteado en la sartén.

Tteokbokki

Es un plato popular que se come por la calle y consiste en unas masas cilíndricas de arroz y de pescado cocidas en una salsa de *gochujang* dulce y picante. Hay variaciones innovadoras en la receta, desde las salsas rosa y carbonara hasta añadidos como el queso fundido y las salchichas. También se ofrece en diferentes grados de picante; los trabajadores y estudiantes estresados los piden extrapicantes, porque la comida picante provoca la liberación de endorfinas.

Samgyeopsal

En este plato favorito de las barbacoas, las tiras gruesas y grasientas de panceta de cerdo se cocinan sin sazonar por un buen motivo: los trozos de carne se comen envueltos en hojas de lechuga y de perilla y coronadas con condimentos como aceite de sésamo o *ssamjang* (una mezcla picante y muy sabrosa de *gochujang*, o pasta de guindilla, y *doenjang*, o pasta de soja) además de unas rodajas de ajo crudo, trozos de guindilla cruda o *kimchi* frito. El resultado es una explosión de sabores, texturas y temperaturas.

Japchae

Este plato festivo y colorido se remonta al periodo joseonita y hoy suele aparecer como acompañamiento en ocasiones especiales y celebraciones hogareñas. Se prepara con los llamados «fideos de celofán» *(dangmyeon)*, un surtido de verduras salteadas (como espinacas, pimiento rojo, zanahoria y champiñón) y carne sazonada, todo ello rematado con salsa de soja y aceite de sésamo antes de servir.

Jjajangmyeon y jjamppong

Los fideos son un ingrediente básico de muchos de los platos preferidos de los coreanos. Por un lado, el *jjajangmyeon* es un plato chinocoreano de fideos y judías negras inventado por los inmigrantes chinos que vivían en Corea a comienzos del siglo XX. El *jjamppong* es una sopa picante de fideos y marisco, otro plato chinocoreano. Ambos son muy populares en la comida a domicilio, y el *jjajangmyeon* se suele pedir en los días de mudanza porque es barato y sencillo.

Naengmyeon

Fundamental en la dieta veraniega, el *naengmyeon* es en realidad una especialidad norcoreana. Unos fideos finos y correosos de trigo rubión y fécula de patata servidos en un caldo helado de ternera o *kimchi* de agua de rábano y coronados con láminas de pepino, ternera, huevo duro y pera. La versión sin sopa lleva encima una salsa *gochujang* dulce, picante y amarga y se llama *bibim naengmyeon*.

Kimbap

Es el clásico rollo de arroz con algas, típico en los pícnics y a la hora de comer. Arroz, *bulgogi*, rábano encurtido y verduras sazonadas, todo ello se enrolla en láminas de algas kim, que se embadurnan con una capa brillante de aceite de sésamo antes de cortar el rollo en medallones. Se han puesto de moda algunas recetas de *kimbap* con rellenos de queso fundido y fideos picantes.

1 Un lote de
tteokbokki

2 *Samgyeopsal* en
la parrilla

3 Una ración de
japchae

4 Un huevo frito sobre
un plato de *jjajangmyeon*

5 *Naengmyeon*, plato
que se sirve frío

6 Rollitos cilíndricos de
kimbap

김치
El *kimchi*

Un cuenco caliente de arroz con *kimchi* constituye una comida; un cuenco caliente de arroz con cerdo, lechuga y sopa de pasta de soja, pero sin *kimchi,* no lo es, ni mucho menos. El *kimchi* es un ingrediente obligatorio, lo mismo en casa que en locales de comida rápida, comedores militares o restaurantes de postín. Su mezcla de sabores picantes, agrios, dulces, salados, amargos y *umami* —sumados a la acidez de la fermentación— lo convierte en el acompañante ideal de casi todos los ingredientes coreanos. Con sus más de 200 variantes, se encuentra firmemente arraigado en el centro de la cocina coreana.

Además, no es solo una comida, sino también un modo de medir el paso del tiempo. Durante siglos, las familias se han reunido con la llegada del invierno para el *kimjang,* la costumbre de preparar el *kimchi* suficiente para los siguientes meses. Tal vez el *kimjang* hoy ya no sea una cuestión de supervivencia, pero sigue siendo una costumbre importante. En los días previos a la temporada del *kimjang,* los medios de comunicación informan a los hogares sobre los precios del repollo, y los meteorólogos avisan sobre cuál es el mejor momento para comenzar.

El tipo de *kimchi* más conocido, y en el que se centra el *kimjang,* es el *baechu* (repollo chino). Las familias preparan unas grandes bañeras de plástico con repollo ligeramente encurtido y de pasta de aderezo en el patio o en el salón de su casa e inician la tarea de condimentar a mano cada hoja de repollo. Cada familia tiene su propia receta, única, pero la mezcla suele incluir marisco sazonado, cebolleta, puré de arroz, ajo, jengibre y pimienta roja molida. Terminada la tarea del condimento, se almacena el resultado en un frigorífico especial de *kimchi,* listo para consumir en cada comida.

Preparando *kimchi* durante una festividad en Seúl

Cultura gastronómica

Mucho más que un sustento, la gastronomía es una demostración de los valores que moldean la sociedad coreana, desde la armonía con la tierra hasta la búsqueda del placer en lo cotidiano.

La cocina coreana, servida en platos que se han ido perfeccionando a lo largo de generaciones y con los mejores productos de temporada que se utilizan frescos o meticulosamente fermentados, es conocida en todo el mundo por sus deliciosos sabores.

El equilibrio corporal

Históricamente, los coreanos han dado una gran importancia a la comida como medicina, un concepto conocido como *yaksikdongwon*. Se considera que los alimentos tienen una

fuerte capacidad reconstituyente cuando se consumen en el momento preciso. Para mantener a raya la enfermedad y conservar el equilibrio del *eumyang* del cuerpo (el enfrentamiento de las energías positivas y negativas conocidas en chino como yin y yang), es esencial comer en armonía con las estaciones y las necesidades corporales. En la corte de la antigüedad, esta armonía se lograba equilibrando los alimentos en función de los cinco colores cardinales coreanos, *Obangsaek (p. 143):* blanco, negro, verde, rojo y amarillo.

Esta forma de preparación tiene hoy menos relevancia, pero aún se aprecia la capacidad sanadora de los alimentos. Es el concepto de *iyeolchiyeol:* combatir el fuego con fuego. En los días más cálidos del año, los coreanos toman *samgyetang,* una sopa de pollo hirviendo, como estrategia para refrigerarse. La idea es regular la temperatura corporal a base de hacerlo sudar en abundancia al tiempo que el caldo con ginseng, ajo y azufaifa repone los nutrientes que el cuerpo necesita.

Arriba Recolección en los campos de Boseong, en la provincia de Jeolla del Sur

Izquierda Vasijas de barro para almacenar las verduras fermentadas

Los dones de la tierra

La cocina coreana suele trabajar con las estaciones. Las montañas y los bosques cubren el 70 % de la extensión de Corea y son responsables de una tradición culinaria con un fuerte contenido en verduras de primavera. Los kilómetros de costas, por su parte, aportan una gran cantidad de pescados y mariscos durante todo el año. Uno de los aspectos que definen la cocina coreana es el uso de la fermentación para conservar los mejores productos de la temporada. Es una técnica desarrollada en el siglo III para poder consumir carne, pescado y verduras todo el año, pero también potencia el valor nutricional e intensifica los sabores.

Los diversos climas, geografías e historias de las nueve provincias han aportado distintos estilos culinarios y especialidades regionales, desde el *bibimbap* de Jeonju hasta las deliciosas sopas de hueso de buey de Seúl. Los gustos evolucionan, pero los sabores se mantienen en armonía con los diferentes paisajes del país.

Reglas en la mesa

La manera de comer de los coreanos es tan importante como lo que están comiendo, y el decoro es fundamental.

Por orden de edad

La costumbre dicta que la persona más mayor a la mesa debe ser siempre la primera en comer.

Hablar antes de comer

Antes de atacar el plato, es de buena educación decir *«jal meokkesseumnida»* que significa «voy a disfrutar de estos alimentos». Al terminar, se da las gracias con *«jal meogeosseumnida»*, o «he comido bien».

El cuenco de arroz

Es de mala educación llevarse el cuenco de arroz a la boca al comer: hay que dejarlo sobre la mesa.

Uso de los palillos

Nunca se debe hundir los palillos en vertical en el centro del cuenco de arroz, que es un gesto reservado para los ritos en honor de los muertos. También es de mala educación escarbar con los palillos en los platos compartidos.

가정에서의 식사

Comer en casa

Igual que en otras muchas culturas, el centro y el alma del hogar coreano es la cocina, donde se preparan unos platos llenos de sabor y destacan los valores familiares.

La palabra coreana «familia», *shikgu,* tiene también otro significado: personas que comen juntas. Las comidas familiares en casa son experiencias comunitarias, en especial en los cumpleaños o aniversarios, cuando la mesa cruje bajo el peso de hasta una docena de *banchan* (platos de guarnición). Sin embargo, el aumento del ajetreo en la vida cotidiana supone una amenaza para las comidas en comunidad, y los coreanos buscan nuevas formas de preservar la sacralidad de la mesa.

De la cocina a la mesa

En la cocina coreana tradicional no suele hacer falta un horno, así que pocos hogares lo tienen (y en ese caso hay quien lo utiliza para guardar cosas). Se cocina sobre todo en fogones o en hornillos portátiles, que recrean la experiencia de la barbacoa coreana. Casi todas las casas tienen un frigorífico de *kimchi* con sensores especiales para monitorizar el proceso de fermentación, una freidora de aire y una olla arrocera que, según la superstición, ha de ser lo primero que uno lleve a su nueva casa.

Con todo cocinado y la mesa puesta (*p. 77*), empieza la comida en comunidad. Los miembros de la familia van recorriendo el despliegue culinario y meten la cuchara en el mismo puchero burbujeante de estofado de *kimchi*, se turnan para ir picando de un pescado a la plancha y se sirven un poquito de todo en el plato.

Una nueva era

Por mucha importancia que se dé a mantener estas tradiciones comunitarias, las exigencias de la vida moderna —las extensas jornadas laborales, sobre todo— hacen que sea menos habitual cocinar en casa, y las comidas se han simplificado mucho. Las grandes comidas familiares o bien se abrevian o bien se reservan para los fines de semana. Ahora, la idea es pasar menos tiempo a diario en la cocina y cocinar de una tacada para toda la semana, ya que resulta más práctico, asegurándose de que habrá suficiente cantidad para toda la familia en ese periodo. También es más habitual comprar los *banchan* ya preparados en las tiendas o recurrir a la comida a domicilio.

La densidad de la vida urbana y la proximidad de los restaurantes hace

que los servicios de reparto sean rapidísimos; casi todo el mundo tiene teléfono móvil, y además Corea del Sur tiene una de las conexiones a internet más rápidas del planeta, lo que hace particularmente eficaz pedir comida a domicilio. Eso sí, el hecho de recurrir a ella no devalúa la experiencia de «comer en casa»: algunos restaurantes hacen el reparto con sus cuencos habituales y sus cubiertos de metal. Cuando termina de comer, el cliente recoge los platos y los saca a la puerta de su casa para que el repartidor los recoja unas horas más tarde.

El rápido crecimiento de los hogares unipersonales también ha cambiado los hábitos de las comidas. En 2020, eran 6,64 millones, un 28 % más que en 2015. El *mukbang* (la retransmisión de gente comiendo, *p. 197*) le debe parte de su popularidad a los espectadores de los hogares unipersonales que tratan a los *mukbangers* como si fuesen sus invitados virtuales.

Aunque los hábitos en casa puedan estar cambiando, el deseo de comer en compañía no ha desaparecido en la sociedad coreana; estas costumbres se están desplazando de forma inevitable a los numerosos restaurantes locales, cada vez más abundantes.

Arriba Una cocina coreana tradicional con su menaje rústico de sartenes y cacerolas

Izquierda Sirviendo el té con platos pequeños en una cocina en Seúl

Vida social en un
restaurante con
barbacoa en Seúl

COREA ES
UN TOQUE
DE SABOR

Comer fuera

Salir a comer es una parte fundamental de la cultura gastronómica en Corea, una obsesión que tiene su reflejo en los incontables restaurantes de Seúl, con una de las concentraciones por habitante más altas de todo el mundo.

La preparación de las comidas coreanas, con sus numerosos *banchan* (platos de guarnición), puede llevar su tiempo, y las obligaciones de la vida moderna hacen que muchas veces tenga más sentido comer fuera que cocinar en casa. Es una ayuda que muchos restaurantes tengan precios asequibles y permanezcan abiertos hasta tarde, y que la comida sea saludable. En Seúl, las estaciones de metro están abarrotadas de puestos de comida rápida, las zonas comerciales están llenas de lugares para comer, y en todos los barrios hay calles flanqueadas de restaurantes a un lado y a otro. Fuera de la capital, también hay opciones hasta en la aldea más pequeña.

Mejor juntos

La comida es una parte fundamental de cualquier reunión, y es posible que los restaurantes sean los centros más importantes de vida social en Corea: allí se celebran reuniones familiares y eventos de empresa para fomentar el espíritu de equipo. Muchos restaurantes se especializan en uno o dos platos, y la decisión sobre el menú se suele tomar en grupo: la mayoría de los platos son para compartir, muchos restaurantes no disponen de platos para una sola persona.

Aunque la comida se pide y se consume en comunidad, la cuenta no se suele compartir. Lo normal es que una sola persona se haga cargo de toda la cuenta, y se sobreentiende que otro correrá con los gastos la próxima vez o que invitará a las copas en el bar más tarde esa misma noche. Sin embargo, las generaciones más jóvenes se sienten cada vez más cómodas saltándose la tradición: a menudo pagan a escote o comen solos.

Algo más fino

En el pasado, la alta cocina coreana eran los platos que se servían en la corte joseonita, con los mejores ingredientes de todo el país. En tiempos más modernos, el ejemplo perfecto es el *hanjeongsik* (un menu tradicional de comida coreana), una versión extravagante de una comida básica a base de arroz, sopa y una cantidad desmesurada de acompañamientos.

Hoy día, Corea cuenta con su alta cocina, aunque aún se concentra en Seúl, donde se encuentran todos los restaurantes con estrella Michelín del país. Tiempo atrás, la alta cocina en Corea la representaba la oferta extranjera —francesa y japonesa—, pero los grandes chefs coreanos están aprovechando la popularidad mundial de su cocina para elevar la oferta nacional. Para algunos de ellos, esto supone reinterpretar las recetas tradicionales y buscarse sus propios ingredientes.

Banquete de carnes

En cuanto a las salidas nocturnas, nada supera al *gogitjip*, un local de carnes a la parrilla que suele servir ternera y cerdo,

y los restaurantes de alta gama ofrecen *hanwoo*, ternera de una raza local famosa por su veteado de grasa. Incluso el *gogitjip* más modesto parece lograr sin esfuerzo la perfecta combinación de una comida deliciosa y un magnífico ambiente. Los clientes se preparan su propia carne sobre unas parrillas de carbón o gas en la mesa. Como acompañamiento se sirve arroz, *kimchi*, ajo, *ssamjang* (una mezcla de pasta de soja y *gochujang*) y otra serie de guarniciones, de forma que cada uno pueda preparársela a su gusto. La sensación de cordialidad se acentúa por el hecho de que las parrilladas siempre van acompañadas con cerveza y soju, así que cada vez que uno acude a un *gogitjip* parece una fiesta.

Comer por la calle

La manera más rápida, fácil y barata de comer es hacerlo por la calle, donde cuesta resistirse al cálido resplandor y a las aromáticas ráfagas que uno recibe de los puestos callejeros. Este tipo de comidas siempre ha ocupado un lugar fundamental en la cultura gastronómica coreana. En los años de pobreza tras la guerra de Corea, ofrecía alimentos baratos que llenaban el estómago, y sigue siendo una buena opción para estudiantes, trabajadores de rentas bajas y gente que come sola. Se puede encontrar en casi cualquier lugar, cuando apetece picar algo por impulso. Frente a los colegios de primaria hay puestecitos que venden tazones de *tteokbokki* y discos planos de *dalgona*

Arriba Un puesto del mercado de Gwangjang, Seúl

Izquierda Alta cocina, con su magnífica presentación

(tofe esponjoso) a los escolares hambrientos. En los barrios de vida nocturna, los clientes se sientan en mesas de plástico en unas terrazas cubiertas con carpas llamadas *pojangmacha*, mientras los propietarios cocinan platos de picoteo como el *kalguksu* (sopa de fideos cortados a cuchillo) y *pajeon* (tortitas de cebolleta).

La comida callejera es un elemento de unificación social: da igual la posición social o el lugar de procedencia, todos los coreanos han crecido con platos básicos como el *tteokbokki* y el *odeng* (pinchos de pescado) y los recuerdan con el mismo cariño, y esa es la belleza de la cultura coreana en cuanto a comer fuera: la unión del país por medio del amor compartido por la buena comida.

Picoteo de madrugada

Los coreanos suelen trabajar, estudiar y beber hasta bien tarde, y para matar el hambre a esas horas recurren a las *yasik* o «comida de madrugada». Si la elección más sencilla y barata es un cuenco rápido de *ramyeon* (fideos instantáneos) de alguna tienda de ultramarinos, la opción más popular a domicilio es el *chimaek*, una combinación de *chikin* (pollo frito) y *maekju* (cerveza). Otra *yasik* habitual incluye *tteokbokki*, *jokbal* (manitas de cerdo) y *dakbal* (patas de pollo), estas últimas muy picantes, algo fantástico para aliviar el estrés, dada la liberación de endorfinas.

명절 음식

Los menús festivos

Para muchos, los mejores platos típicos son los que señalan los momentos especiales: un hito en la vida, una fiesta nacional o un aniversario.

Si la comida consiste en reunir a la familia, el banquete gastronómico ceremonial de la *jesa* va un paso más allá. Es una conmemoración ancestral en honor de los antepasados y se celebra en diferentes momentos del año, desde ciertas festividades hasta en el aniversario de la muerte de un ser querido. Como el banquete incluye alimentos de los que disfrutaban los antepasados de cada uno, los platos que se sirven en una *jesa* varían entre familias y regiones. En la mesa suele haber hasta 30 platos que crean un colorido despliegue de carnes, guarniciones, frutas y bebidas alcohólicas.

Pero no siempre consiste en ofrecer un inmenso banquete: a veces basta con un único plato especial. Durante el año nuevo lunar, mucha gente toma la sabrosa sopa *tteokguk*, hecha con tortas planas de arroz blanco que representan la pureza y el partir de cero en el comienzo de un nuevo año. En el Chuseok *(p. 107)*, las familias preparan o compran pasteles de arroz al vapor *songpyeon:* según la superstición, la mujer que prepare unos buenos *songpyeon* encontrará un buen marido. En los cumpleaños, la costumbre es tomar la sopa de algas *miyeokguk*, tributo a unos tiempos en que las madres la tomaban justo después de haber dado a luz, por sus beneficios nutritivos.

Más allá de la excusa para un banquete, los menús de las celebraciones y festividades tienen un fuerte simbolismo y abren una ventana a unas costumbres y creencias muy apreciadas por los coreanos.

Preparación del *songpyeon* para el Chuseok, Busan

Unas bebidas únicas

Tés ácidos, vinos dulces de arroz, licores de fruta: ya se utilicen como estimulante, para socializar, o como un modo de templar los ánimos, las bebidas caseras coreanas son inigualables.

Tal y como ocurre con la gastronomía, las bebidas coreanas se definen por sus sabores: picantes o agrias, dulces o ácidas, tostadas o amargas. Sea cual sea el sabor, hay una bebida para cada momento y ocasión.

Una rutina diaria

Para muchos, las bebidas que consumen marcan el paso del tiempo. Por la mañana, el aroma de los granos de café recién molidos se apodera de las cafeterías de moda, donde los amigos charlan ante un americano con hielo o un *latte*. En el almuerzo, los restaurantes

acompañan la comida con té frío de cebada y, después del colegio, los estudiantes registran las estanterías de las tiendas de barrio en busca de su Milkis, un refresco de factura coreana. Al llegar la noche, el alcohol se convierte en el trago preferido. En los *hofs* (cervecerías grandes), los universitarios piden cañas heladas de cervezas coreanas Cass o Hite con su pollo frito. Las parrillas se llenan de ruidosas reuniones de colegas que se toman la primera ronda antes de que se haga la carne y la acompañen con *soju* o *makgeolli*. A la mañana siguiente,

camino del trabajo, beben a sorbitos algún remedio digestivo como el Bacchus o el Hwai Myung Su para empezar un nuevo día.

Fuera de lo cotidiano, hay una bebida lista para cada posible ocasión. Los que se relajan en un *jjimjilbang* (p. 115), beben *sikhye*, una bebida de arroz que se toma dulce y fría como postre. En ambientes más elegantes, las conversaciones de negocios se riegan con licores caros como el vino de ciruela. Al fin y al cabo, las bebidas son otra excusa para darnos un capricho con los increíbles sabores de Corea.

Múltiples cafeteras en una elegante cafetería de Seúl

1 El *soju* acompaña
la gastronomía
coreana

2 Un maestro del té
prepara una tetera
en Jeonju

3 El *makgeolli*, licor
de arroz retro

4 Cass, una
conocida marca de
maekju

5 *Dongdongju*
servido de
un cuenco con un
cucharón de madera

6 Preparando
café en un
establecimiento
a la última

BEBIDAS CLÁSICAS

Puede decirse que Corea destaca en la elaboración de bebidas alcohólicas, pero eso no quiere decir que no dediquen la misma atención a las bebidas sin alcohol. Desde los tés tradicionales hasta los licores experimentales, hay una bebida para cada plato o cada estado de ánimo.

Soju

Significa «licor quemado», es la bebida alcohólica preferida de los coreanos y combina con todo. Esta bebida de color claro que se popularizó por primera vez en el siglo XIV está hecha con la fermentación de cereales u otras féculas, y su contenido alcohólico va del 12 al 45 %. Aunque se produce de manera industrial —el Chamisul, en botellas verdes en los estantes de los supermercados y restaurantes, es una de las preferidas—, el *soju* también se hace de manera artesanal con un amplio abanico de métodos tradicionales de destilación.

Té

Hay muy pocas cosas con las que no combine bien el té, básico desde los tiempos del periodo de Silla. En el almuerzo normalmente se sirve un refrescante té frío de cebada, con su sabor a cereal. En verano, el té *maesil-cha*, un postre de toques ácidos hecho de extracto de ciruela verde, es perfecto. En invierno, el *yuja-cha*, hecho de cítricos, se mezcla con confitura de *yuja*, azúcar y agua como una bebida relajante.

Makgeolli

También conocido como *takju*, este licor de arroz fermentado de color blanco lechoso se prepara en Corea desde hace más de dos mil años. Con un contenido alcohólico que oscila entre el 6 y el 18%, tiene un sabor dulce y se elabora con los alcoholes más turbios que se

van al fondo durante el proceso de la fermentación. El *makgeolli* era la bebida de las clases trabajadoras en el periodo joseonita, y ha resurgido en el siglo XXI: hoy se suele saborear en pequeños sorbos entre bocado y bocado de *pajeon* (*crepes* de cebolleta) en los días de lluvia.

Maekju

La cerveza *(maekju)* se introdujo en Corea a comienzos del siglo XX, con las fábricas que abrieron en 1908. Entre las marcas coreanas populares están Cass, Hite y Terra, pero el *somaek* es para muchos lo mejor del panorama cervecero: una mezcla de tres partes de *soju* por cada siete de *maekju*. Una de las maneras preferidas de disfrutar de una jarra helada es acompañarla con pollo frito crujiente, un combo conocido como *chimaek* (*chikin* y *maekju*)

Dongdongju

Aunque puede pasar por un *makgeolli* en su estado más joven y prematuro, el *dongdongju* es más espeso, está más fermentado y menos filtrado. Unos granos de arroz flotan en la superficie, dando lugar a una bebida arenosa de sabor dulce pero con un toque ácido. Es una costumbre coreana tomarse un tazón frío después de una buena caminata.

Café

La experimentación con los sabores es la punta de lanza de la actual cultura cafetera. El típico café por la mañana es el A-a (apodo fonético de *Iced Americano*, un americano con hielo), pero en las cafeterías también sirven variedades como el multigrano con sabor a nuez o los *lattes* de batata tostada. El capuchino suele ser un *latte* cubierto de canela. Corea es también uno de los mayores consumidores de café instantáneo del mundo.

Cultura de la bebida

Al igual que la comida, la cultura de la bebida es un medio a través del cual se expresan los valores coreanos: honrar a los antepasados, celebrar la tierra y crear vínculos sociales.

A la hora de comer, las mesas suelen estar repletas de botellas de soja o cerveza que se intercambian entre bocado y bocado. Aunque, dentro de las bebidas, el té y el café ocupan un lugar importante, el protagonista central de la bebida coreana es el *sul* (alcohol), que está presente en todas las celebraciones sociales y acontecimientos especiales.

Una añeja costumbre

Las bebidas han sido un reflejo de la geografía y el clima de Corea ya desde la fundación del reino de Goguryeo. Por todo el país, las bebidas marcaban los cambios de estación para los campesinos: al terminar la cosecha, el excedente de cereales se utilizaba para elaborar

De copas con vistas panorámicas en una azotea en Busan

licor para el invierno. Con el paso de los siglos, cada región fue desarrollando unos procedimientos especiales a la hora de fermentar y añadían un toque único a sus licores; entre los más humildes y los campesinos, la bebida favorita era el *makgeolli*. Conocido como *nonju*, o «licor del campesino», se tomaba por la mañana con el desayuno, antes de ir al campo a trabajar.

No obstante, el alcohol era mucho más que algo que beber. En el Chuseok, la festividad de la cosecha, las familias presentan sus respetos ante las tumbas de los antepasados con obsequios de fruta y alcohol. En el aniversario de la muerte de los ancestros, se considera que el *cheongju* –un vino blanco de arroz– es un medio para comunicarse con los espíritus y pedirles buena fortuna. Al igual que la comida, el alcohol también se utilizaba para mantener a raya las enfermedades. Durante el año nuevo lunar, consumían unos tipos especiales de *soju* como el *dosoju*, preparado con hierbas medicinales, para expulsar las enfermedades y a los malos espíritus.

El licor de la vida

Durante la dinastía joseonita, muchos hogares fermentaban y preparaban su propio licor. A comienzos del siglo XX comenzaron a destacar las destilerías industrializadas. Desapareció la distinción entre licores según la clase social que los bebía, y los que antes eran «de clase alta», como el *soju*, se abarataron y se popularizó su venta. La bebida se convirtió en un elemento aceptado en todas las ocasiones, sin apenas estigmatizar la embriaguez. Sin embargo, cuando el Japón imperial ocupó Corea en 1910, cargaron el

consumo del alcohol con una fuerte tasa; los licores caseros quedaron ilegalizados, de manera que solo podían producirlos quienes tuviesen una licencia. El país continuó rebajando sus niveles de producción de alcohol tras la guerra de Corea, cuando la escasez de cereales fue un problema. Tras décadas de recuperación económica, el gobierno levantó todas las restricciones en la década de 1990, y la cultura del licor casero resurgió con fuerza.

Hoy día, las bebidas alcohólicas varían desde las cotidianas con las comidas hasta los licores más caros con una fermentación especial. Las más habituales son el *soju*, el *makgeolli*, el *yakju*, el *cheongju* y el *dongdongju*. En las ocasiones especiales, los mayores a lo mejor prefieren licores más tradicionales como el *bokbunjaju*, el *meoruju* y el *maesilju*, hechos con frutas o cereales. Tras la exposición de Corea a la cultura occidental, también se han

99

popularizado bebidas como el bourbon y el whisky escocés.

Donde hay alcohol, hay aperitivos para acompañar la bebida. El *anju*, que se puede traducir más o menos como «comida para tomar con el alcohol» se sirve como un acompañamiento del plato principal. Entre los más frecuentes se encuentran los calamares secos, los cacahuetes o las tortitas de marisco. En los *pojangmacha* (puestos ambulantes cubiertos con una lona) sirven bocaditos picantes de arroz o mollejas de pollo para tomar con *soju* o *makgeolli*.

La presión social

Darle tanta importancia al alcohol trae algunos problemas consigo. Corea tiene las tasas más elevadas de consumo de alcohol de toda Asia con unos 10,9 litros por habitante y año, seguida de Vietnam con 8,7 litros. Uno de los motivos podría ser la presión generalizada para beber, al considerar que es necesario para mejorar social y profesionalmente, una manera de fortalecer las relaciones interpersonales. Su presencia es tan

건 배
Geonbae

Es la palabra del brindis coreano; significa «vaso vacío», y tiene raíces chinas.

———————

dominante que existe el concepto de «aprender el alcohol» de los mayores de la familia, cuando uno alcanza la mayoría de edad para beber: cómo aprender a tragarse el sabor amargo, o conocer las reglas y protocolos de la bebida. La bebida también es imprescindible como un elemento básico del universo gastronómico y se ha convertido en un componente fundamental de las reuniones de colegas de trabajo al final de la jornada, las *hoesik*.

Sin embargo, cada vez más voces se alzan en contra de esta cultura del consumo alcohólico bajo presión. El Ministerio de Sanidad coreano ya ha señalado los peligros de empujar a la gente a beber y ha fomentado una ingesta de alcohol más reducida y saludable entre los adultos. Mientras tanto, muchos jóvenes están deseando explorar las experiencias sociales que no giran en torno al consumo de alcohol.

La cultura de los cafés

Aunque hay pocas alternativas de bajo (o ningún) contenido en alcohol, la cultura cafetera coreana es un salvavidas para quienes prefieren apartarse del licor. En Seúl hay más cafeterías por habitante que en Seattle —origen de Starbucks®— con unos 17 cafés por cada 10.000 habitantes.

El café dalgona

La fama de esta crema batida de café despegó como una moda en las redes sociales durante la pandemia del covid-19, cuando los vídeos sobre cómo prepararlo en casa se hicieron virales en TikTok y YouTube. El café dalgona, que toma su nombre del caramelo coreano, se prepara batiendo café instantáneo en polvo, azúcar y agua hasta hacer una espuma cremosa. Se añade leche al final, y se puede coronar con miel o cacao.

Aunque Starbucks® se haya convertido en el líder del mercado del café coreano (Corea es el cuarto país con más establecimientos de Starbucks® en todo el mundo), la mayoría de las cafeterías pertenecen a dueños independientes o son franquicias coreanas como A Twosome Place. Algunas son incluso temáticas.

El café no llegó a Corea hasta 1896, cuando el rey Gojong lo probó por primera vez. Supuso un paso hacia la modernización, y los primeros cafés coreanos surgieron a comienzos del siglo XX. Durante mucho tiempo, solo las clases altas podían permitírselo, pero según fueron abriendo más cafeterías tras la guerra de Corea, el

café se convirtió rápidamente en una de las bebidas favoritas de todo el mundo, desde los agentes comerciales hasta los estudiantes. Hoy día, Seúl tiene calles enteras copadas por cafeterías y la gente se pasa el día yendo de una a otra o disfrutando el rato en su lugar preferido.

Los más jóvenes van descubriendo que acomodarse con un café caliente ayuda tanto a las relaciones sociales como salir de copas, y el café no se limita a las primeras horas del día: es un habitual tras la comida, los restaurantes ofrecen máquinas expendedoras de café instantáneo por cuenta de la casa, una bebida azucarada que sirve como postre básico y también para limpiar el paladar.

Vida social
de copas
por la noche

COREA ES
OCIO Y RELAJACIÓN

Los coreanos tienen fama de trabajar día y noche, ya sea estudiando hasta las tantas para poder ingresar en una de las mejores universidades o esforzándose al máximo para ascender en una gran empresa. Eso sí, igual que se esfuerzan en el trabajo, se esfuerzan en disfrutar. Hasta 2004, la semana laboral era de seis días, con un único y valioso día de descanso para relajarse y recuperarse. Ahora la mayor parte de la población disfruta de dos días de descanso, y lo aprovechan al máximo, lo mismo participando en los e-sports en los PC-bang, que moviéndose al ritmo de sus canciones favoritas en los *noraebang* o disfrutando de las compras a modo de terapia. Muchos prefieren escalar altas cumbres o recorrer en bicicleta grandes extensiones del país mientras que otros disfrutan sentándose a ver algún evento deportivo en la comodidad de su hogar. Desde luego, los coreanos saben sacar el máximo partido a su tiempo de descanso.

Celebración del
cumpleaños de Buda
en el Festival de los
Faroles del Loto

한국의 축제들

Las fiestas coreanas

La rica historia de Corea y su vibrante cultura
cobran vida en innumerables fiestas a lo largo de
todo el año. Estos eventos culturales son una
magnífica excusa para reunirse y celebrar.

Puede que los coreanos tengan fama
de trabajar día y noche, pero cuando
llegan las festividades, las celebraciones se apoderan de todo. Es más, el
trabajo se suspende oficialmente en
todo el país cuando llegan las fiestas
nacionales más apreciadas.

La evolución de las celebraciones

En una sociedad cada vez más
moderna, las festividades son clave
para preservar unas tradiciones que se
desvanecen. Muchos de los festivales
coreanos rinden homenaje a las raíces
agrícolas del país. Antes de que la
industrialización encendiese la chispa
del gran auge económico, Corea sufrió
una pobreza extrema. La agricultura
era su principal modo de vida, y las
fiestas se centraban en rezar por una
buena cosecha y en celebrarla cuando
llegaba.

Aunque mucha gente no se identifica
con una religión (p. 44), en Corea
también se celebra un buen número de
fiestas religiosas, como el cumpleaños
de Buda y la fiesta chamanista de la
Danza de Máscaras de Andong. Son
eventos inclusivos en los que participan
también los no creyentes.

Con la llegada de las influencias
globales a Corea, nuevas celebraciones
se incorporaron al calendario (aunque
con la cultura coreana en su centro).
Los padres reciben claveles en el Día de
los Padres, que aúna en un solo día el
Día de la Madre y el Día del Padre. El 25
de diciembre, parejas y amigos salen a
comer fuera en lugar de celebrar la
Navidad en casa. Tras el proceso de
democratización de la década de 1990
surgió también otra serie de fiestas
culturales, como el Festival
Internacional de Cine de Busan.

En definitiva, las fiestas coreanas son
una vibrante mezcla de ceremonias
tradicionales y contemporáneas. Tanto
si se originaron en el extranjero como si
nacieron de alguna costumbre local,
celebran los valores que los coreanos
aprecian.

1 Faroles flotando
en el río en Jinju

2 Haciendo *songpyeon*
para el Chuseok

3 Templo decorado para el
cumpleaños de Buda

4 Participantes en el Festival
del Barro de Boryeong

5 Un colorido desfile
en el año nuevo lunar

LAS FIESTAS MÁS FAMOSAS

Desde las abundantes fiestas de la cosecha otoñal hasta los espectaculares despliegues de faroles, los festivales más populares de Corea unen al país para celebrar su rica historia.

Festival de los Faroles de Jinju

Las raíces de esta espectacular festividad se remontan siglos. Rinde homenaje a los faroles que se utilizaron como parte de una estrategia militar en la batalla de la fortaleza de Jinjuseong en la guerra de Imjin (1592-1598). En aquellos tiempos, se hacía flotar los faroles por el río Nam para evitar que lo cruzaran las tropas japonesas. Hoy los faroles vuelven a descender el río cada mes de octubre en la ciudad de Jinju. También hay fuegos artificiales, espectáculos acuáticos y actuaciones culturales.

Chuseok (fiesta coreana de Acción de Gracias)

También conocida como Hangawi, es una de las mayores fiestas del país. Se celebra en el decimoquinto día del octavo mes del calendario lunar: tres días en los que las familias se reúnen para darse las gracias los unos a los otros y a sus antepasados en unas ceremonias *jesa* (p. 92), conocidas como *charye* durante el Chuseok y el Seollal (el año nuevo lunar). Las buenas cosechas también se celebran. Muchas familias compran o preparan *songpyeon,* unos pasteles especiales de arroz, para disfrutar de la ocasión.

Cumpleaños de Buda

También conocido como «el día en que llegó Buda», esta fiesta se celebra en el octavo día del cuarto mes del calendario lunar. A lo largo del país se llevan a cabo distintos actos, incluidos bailes de máscaras, desfiles y juegos tradicionales. Unos coloridos farolillos de papel con velas encendidas adornan varios templos: los celebrantes pueden escribir su nombre y un deseo en un trozo de papel que se cuelga del fondo del farolillo.

Festival del Barro de Boryeong

Esta celebración veraniega, surgida a partir de una pequeña promoción comercial en 1994, atrae cada año a más visitantes internacionales que ninguna otra. El evento pretendía resucitar la economía de Boryeong mediante la promoción del rico lodo mineral de la playa de Daecheon, como producto cosmético. Su inesperado éxito dio lugar a este festival desenfrenado que tiene de todo: desde masajes de lodo hasta caóticas actividades de lanzamiento de barro.

Seollal (año nuevo lunar)

La llegada del año nuevo se produce según el calendario lunar, basado en las fases de la luna. En el Seollal, el clan familiar se reúne para compartir manjares (como un cuenco de *tteokguk,* que simboliza un nuevo inicio) y juegos tradicionales y transmitir ritos ancestrales *(charye)* ante una *jesa.* La gente viste el *hanbok,* el atuendo tradicional coreano, y los más jóvenes de la familia realizan un rito de reverencia (conocido como *saebae)* para demostrar respeto hacia sus mayores. Luego los mayores imparten unas palabras de sabiduría para el año y reparten dinero para que traiga buena suerte y fortuna.

리테일 테라피

Una terapia de compras

En un país tan centrado en las modas, no sorprende que las compras sean un pasatiempo nacional, ya sea para ir de tiendas y probar los últimos productos o pasar el fin de semana haciendo compras online.

Corea ha cambiado mucho desde los tiempos de los humildes vendedores ambulantes de los mercados. El progreso en el sector del comercio continúa a toda velocidad con la proliferación de centros comerciales deslumbrantes que compiten con las tiendas online.

Amor por lo nuevo

La cultura del «comprar hasta reventar» es relativamente nueva en Corea. No se empezó a comerciar en

los *oiljang* (mercados que se celebraban cada cinco días) hasta finales del siglo XVIII. La moda entró en escena al mejorar las condiciones de vida y aumentar los ingresos disponibles en las décadas de 1970 y 1980. El deseo de poseer las últimas prendas y aparatos arraigó en el tejido de una sociedad cada vez más capitalista y surgió el hiperconsumismo: enseguida aparecieron unos grandes centros comerciales para atender a la creciente demanda de consumo.

Hoy, el número de tarjetas de crédito por cada hogar coreano está entre los más altos del mundo, prueba de su pasión por el gasto. A los centros comerciales urbanos se han unido los *outlets* rurales conforme se ha ido limitando el espacio disponible para los grandes complejos en las densas ciudades.

Arriba De compras en los grandes almacenes Hyundai Seoul

Izquierda Un comerciante coreano cargado con su mercancía a la espalda a finales del siglo XIX

Gratificación al instante

Hoy día los innovadores comercios online son una amenaza para los centros comerciales físicos, al sacar provecho del deseo de inmediatez. El consumidor busca la descarga de endorfinas al ver el último producto facial en su casa en cuestión de horas y sin tener que pisar la calle. Algunas tiendas han empezado a asegurar la entrega de los repartos antes de las 7 de la mañana del día siguiente.

Sorprende que en una sociedad que venera lo nuevo esté cambiando la actitud hacia los productos de segunda mano gracias en parte a comercios online como Danggeun Market, una plataforma de compraventa de productos usados que ha cambiado las reglas del comercio al por menor animando a los consumidores a dejar de perseguir lo siguiente que se ponga de moda.

Productos coreanos

Cosméticos
Las grandes cadenas como Amorepacific venden cremas milagrosas y máscaras faciales hidratantes.

Electrónica
La mayoría de los aparatos se compran online, aunque los dos centros comerciales Techno Mart de Seúl siguen haciendo un buen negocio.

Telas
En muchos mercados hay tiendas donde confeccionan los *hanbok* (atuendo coreano tradicional) a medida.

Artículos de bambú
Además de los típicos cestos, algunas tiendas venden unos cojines de bambú para abrazarlos, llamados «esposas de bambú».

Cerámica
En la Aldea de la Cerámica de Icheon y en las tiendas para turistas venden réplicas de las grandes piezas de celadón.

Máscaras
Las expresivas máscaras de madera se usan en las danzas tradicionales. Todavía se interpretan algunas en Andong.

다양한 야외 활동

En la naturaleza

Pese a la rápida urbanización del país, los coreanos conservan una íntima conexión con la naturaleza. Las salidas al aire libre no son solo una forma de hacer ejercicio, sino también un reconstituyente para el alma.

Incluso antes de que la semana laboral se redujera de seis a cinco días en 2004, los coreanos sacaban tiempo para conectar con el mundo más allá de sus cuatro paredes. Corea cuenta con miles de rutas de senderismo y con 22 parques nacionales, incontables opciones para disfrutar de la naturaleza.

En tierra

Dado que el 70 % de Corea es terreno montañoso, no sorprende que el senderismo sea uno de los pasatiempos preferidos. Los que viven en las ciudades pueden llegar en metro a muchas rutas, y las cumbres se suelen llenar de gente los fines de semana. Hay rutas tranquilas como el recorrido de Jeju Olle, a lo largo de la costa, pero también las

hay agotadoras como el ascenso al pico Jaunbong de Dobongsan, con un desnivel de 645 m.

El senderismo podría ser la actividad más extendida en Corea, pero también abundan las oportunidades para el ciclismo, con bicicletas de carretera y gravel de última generación que recorren a gran velocidad los caminos junto a los ríos por todo el país. La red de Ciclismo Campo a Través, que muchos consideran el máximo exponente de las rutas ciclistas de Corea, cuenta con recorridos de larga distancia: los ciclistas más dedicados abordan la ruta entre Seúl y Busan. A los más ocasionales podemos verlos en bicicletas urbanas de alquiler o pedaleando en los carritos que van sobre raíles, muy populares en sitios como Uiwang.

Derecha Una surfista cogiendo olas en la costa de la isla de Jeju

Abajo El pico rocoso del Dobongsan, justo al norte de Seúl

En el agua

Aunque Corea es una península con miles de islas, hay relativamente pocos coreanos que naden con total soltura. Puede que esto se deba a la escasez de centros de aprendizaje: solo el 1 % de las escuelas tienen acceso a una piscina. Aun así, los coreanos se sienten muy atraídos por el mar y sacan buen partido de la breve temporada de playa, que suele durar desde comienzos de julio hasta finales de agosto, cuando la mayor parte de las instalaciones cierra con el cambio de tiempo.

El surf se ha convertido en una subcultura en auge que ha transformado algunas de las tranquilas aldeas de pescadores en animados puntos de encuentro para los jóvenes surferos. Mientras algunos se dedican a la competición, otros valoran la posibilidad de desconectar con los amigos entre las olas, aunque en los meses más cálidos no abundan. Con la llegada de los tifones a comienzos del otoño, las olas aumentan y los surferos acuden a las playas más populares cerca de Busan, o de Yangyang en la costa este.

Tierra adentro, en los ríos se suele practicar el esquí acuático y el *rafting*. Cuando los gélidos vientos siberianos congelan los ríos, en regiones como Hwacheon se celebran festivales de pesca en el hielo, y los niños prueban el *seolmae* (el trineo sobre hielo de toda la vida) en lugares como la aldea tradicional de Yongin. Con sol o con lluvia, el ocio coreano está muy vinculado con la naturaleza, y la diversidad de paisajes es el escenario perfecto para el descanso de la nación.

Camping y *glamping*

Los coreanos disfrutan con los placeres de las acampadas, aunque rara vez lo hacen solos o aislados. Prefieren los *campings*, y las reservas se agotan con meses de antelación. Para los *glampers* que gustan de las comodidades, se han generalizado las áreas con enchufes, duchas y zonas de cocina, lugares donde se disfruta desde una hoguera hasta un proyector de cine.

1 Bicicletas y flores en el Festival Gunhangje de Jinhae

2 Padres nadando con sus hijos en la isla de Jeju

3 Submarinismo frente a la costa de la isla de Jeju

4 Esquiadores y *snowboarders* en Deogyusan

ACTIVIDADES ESTACIONALES

Con sus veranos calurosos y sus inviernos gélidos, con sus grandes cordilleras y sus kilómetros de playas arenosas, Corea es ideal para practicar tanto actividades en aguas cálidas como deportes en la nieve y todo lo que hay entre lo uno y lo otro.

Primavera

La llegada de la primavera marca el adiós del crudo invierno, se abren las ventanas y se inicia una nueva temporada de actividades. Muchos dan la bienvenida a la temporada de observación de flores a partir de abril, cuando la floración llega con toda su deslumbrante exuberancia y congrega a multitudes para disfrutar las forsitias, azaleas, magnolias y los cerezos en flor. Buscar flores puede implicar subir a alguna cima o una simple visita a un parque urbano. Aun así, las mañanas pueden ser frescas aún en marzo y abril, y los *kkotsaemchuwi* (olas de frío al final de la primavera) requieren ropa de abrigo para los paseos o las caminatas.

Verano

Los veranos son cálidos, húmedos e impredecibles, con un buen número de precipitaciones. Los coreanos desafían las extenuantes temperaturas (las más elevadas en julio y en agosto) viajando a puntos de la costa y de las islas, entre ellas la muy popular y tropical de Jeju. En la costa oeste, las familias cogen mariscos en las marismas; en el este, algunas cuevas grandes ofrecen una tregua del sol de las playas. Tierra adentro, uno de los pasatiempos en los días más calurosos consiste en visitar los valles de las montañas *(gyegok),* donde las límpidas aguas de los ríos suavizan las temperaturas. En las orillas de algunos ríos de estos *gyegok* hay restaurantes con terraza al aire libre.

Otoño

Los arces se ponen rojizos a finales de octubre, y las grandes diferencias de temperatura entre la mañana y la tarde determinan qué actividades se realizan y cuándo. Las mañanas frías son perfectas para correr maratones o carreras de montaña como la de los 9 Picos que recorre las praderas de hierba plateada mecida por el viento en los Alpes de Yeongnam. El comienzo del otoño también es una buena época para hacer submarinismo, y muchos visitan los centros de buceo distribuidos por la costa este para disfrutar de las aguas tibias. Aunque cada vez es menos frecuente, algunos aprenden a bucear a pulmón, a la manera tradicional, en un curso introductorio en una de las dos escuelas de *haenyeo* (mujeres que bucean en apnea) de la isla de Jeju (p. 24).

Invierno

Los fuertes vientos procedentes de Siberia traen un invierno muy frío, y las regiones del norte se cubren de nieve. Esta temporada se hace interminable para algunos, que no tienen más opción que capearla. Sin embargo, para los amantes de los deportes de invierno es el inicio de una temporada de diversión al aire libre. Los más populares son sin duda el esquí y el *snowboard,* con unas 20 estaciones distribuidas por todo el país. Lo que de verdad diferencia las estaciones coreanas es su esquí nocturno: los visitantes pueden ir directamente al salir del trabajo para relajarse un poco en las pistas, donde con la puesta de sol se suelen celebrar eventos que incluyen DJ y fuegos artificiales. Muchas estaciones ofrecen entradas más baratas para ciertas pistas que permanecen abiertas y bien iluminadas hasta las 4 de la madrugada.

찜질방
Los *jjimjilbang*

Aunque *jjimjilbang* significa literalmente «habitación que se calienta», esta parte integrante de la cultura coreana es algo más que las saunas y piscinas de un *spa*. Emporios de la relajación con varias plantas, sus acogedoras instalaciones ofrecen sillas de masaje, gimnasios, mostradores de venta de aperitivos, salas de cómics *manhwa* (manga) y áreas para dormir. Noche y día se funden en un *jjimjilbang*, y algunos visitantes pasan las horas dentro de sus acogedores espacios.

Antes de los *jjimjilbang* modernos, todos los barrios contaban con un *mogyoktang*, unos baños sencillos con una función social además de higiénica. La necesidad de *mogyoktang* disminuyó a medida que la gente empezó a vivir en apartamentos con instalaciones de baño, aunque aún se pueden encontrar en algunos pueblos y ciudades. El *jjimjilbang* es una versión más grandiosa del *mogyoktang*, y, aunque tiene sus clientes habituales, la mayoría acuden más o menos una vez al mes para darse un capricho relajante.

Al acceder a un *jjimjilbang* se paga una entrada a cambio de la llave de una taquilla y un atuendo suelto. Hombres y mujeres pasan a vestuarios distintos, se desvisten y se duchan. Disponen de toallas ásperas exfoliantes para frotarse y eliminar el *ttae* (mugre y partículas de piel muerta). Después llega el momento de los baños calientes y fríos —algunos con agentes terapéuticos en el agua como el té verde— o de pasar a la sauna. Para terminar, hay quien echa una cabezadita en unas colchonetas dispuestas en salas colectivas de descanso. Con un par de horas en un *jjimjilbang*, sale uno como nuevo.

Relajación en las colchonetas para dormir en un *jjimjilbang*

해 지고 난 후

Al caer la noche

Ya sea con una sesión de karaoke en mitad de la semana o acudiendo a una sala de juegos online, las salidas nocturnas sacan el máximo partido al tiempo de ocio y suponen un respiro muy necesario tras las largas jornadas de trabajo.

Famosos por sus rigurosas rutinas laborales y sus intensos horarios de estudio, muchas veces los coreanos están deseando liberarse en cuanto cae la noche. Justo por eso, no es de extrañar la variada oferta de entretenimiento nocturno, para todos los gustos. La diversión no se limita a los fines de semana, sino que hay algo que hacer todas las noches de la semana. Mientras el país comienza a bajar el ritmo, los locales van abriendo sus puertas, y los coreanos se relajan a lo grande.

Salir por la noche

Para muchos, la típica salida nocturna avanza a través de una serie de *cha,* o rondas. Conforme fluye el *soju,* la noche se anima con la diversión compartida, y se esfuman las preocupaciones de la jornada. En la primera *cha,* los amigos podrían quedar en un restaurante con parrilla, donde se prepara en la propia mesa la carne de ternera o de cerdo entre botellas de *soju.* La segunda ronda quizá implique trasladarse a una cervecería animada o a una taberna de moda donde sirvan *makgeolli.* Allí se van pidiendo rondas, y todo el mundo paga su parte. Los que quieran pasar a la tercera ronda a lo mejor cogen un taxi hasta un distrito universitario sembrado de clubes nocturnos, locales de música en directo o bares de estilo retro donde los clientes pueden pedir canciones mientras disfrutan de una cerveza o un whisky.

Muchas veladas culminan con la estrella de la noche coreana: el *noraebang (karaoke),* con salas privadas con pantallas gigantescas y esferas de discoteca donde clientes

de todas las edades cantan a voces con los amigos y desconectan con un *micrófono y* una surtida lista de temas. Al salir del *noraebang,* la noche puede terminar en un *pojangmacha* (un puesto de comida techado), donde pican algo y se toman la última.

Salidas de negocios

Hay salidas nocturnas que ofrecen una huida de los rigores de la semana laboral, pero hay otras que pueden parecer una extensión de la misma. Temidas por muchos, veneradas por otros, las cenas de equipo o corporativas (*hoesik*) forman parte de la vida laboral, y se considera de mala educación saltárselas. Se pueden celebrar una vez a la semana o solo una o dos veces al año para dar la bienveni-

Tiendas de barrio

Los bares al aire libre más baratos de Corea son las tiendas de barrio, especialmente populares en los pueblos. Una amplia gama de bebedores —obreros, trabajadores de turno de noche y turistas— se congrega en las terrazas de estos comercios equipadas con mesas y sillas de plástico protegidas por marquesinas. Estas tiendas ofrecen una amplia selección de cervezas extranjeras y de licores locales como el *soju* y el *makgeolli,* además de una gran variedad de aperitivos baratos. Las aceras son un magnífico lugar para observar a la gente.

Arriba Música en directo en un club del barrio de Hongdae, en Seúl

Izquierda Sala privada en un *noraebang*

Juegos para beber

Los coreanos más jóvenes suelen comenzar la noche con alguna competición amistosa.

El tapón de la botella
Se va dando golpecitos a la banda metálica del tapón de una botella de *soju*, y el que la separa del tapón bebe.

Intuición
Los jugadores gritan a la vez un número. Pierden los que dicen el mismo número o son demasiado lentos.

Sam-yuk-gu
Los participantes comienzan a contar y dan una palmada con cada número que contiene un 3, un 6 o un 9. Cada fallo se paga con un trago.

Baskin Robbins 31
Los participantes se turnan para contar hasta tres números seguidos cada uno. El que llega a 31, bebe.

El submarino
Los jugadores sirven *soju* en un vaso de chupito dentro de una jarra de cerveza. Si lo hundes, bebes.

da a un nuevo empleado. Al principio son bastante formales, con intervenciones de los jefes, y pueden implicar ciertas normas jerárquicas de inspiración confuciana (servir la bebida con las dos manos en señal de respeto, por ejemplo).

Sin embargo, concluidos los discursos, las *hoesik* son una gran oportunidad para cultivar las amistades con colegas afines o para repasar la jornada de trabajo. Algunos pueden sentirse presionados a beber demasiado *soju*, y otros diluyen con agua la cerveza o el *soju* o incluso tiran las bebidas para no perder los papeles delante de los compañeros o para evitar la resaca de la mañana siguiente.

Las *jeopdae* (cenas y copas con clientes) son parecidas en muchos sentidos. Suelen celebrarse en locales más elegantes donde se cierran acuerdos corporativos o se discuten las cuestiones del día con unas cuantas botellas de whisky de importación de primera clase.

Arriba Disfrutando de una parrilla coreana después del trabajo en Seúl

Derecha Tomando fideos en un PC-bang

Escapar a un mundo de fantasía

La noche coreana no se limita a salir y beber. En pueblos y ciudades, suele haber miles de cibercafés muy populares conocidos como PC-bang, que ofrecen una amplia gama de juegos online. Estas instalaciones atraen a jugadores de todas las edades, sobre todo con el atractivo escapista de los videojuegos de rol multijugador por internet (MMORPG).

Quedan muy lejos los tiempos en que los PC-bang eran unos sótanos oscuros cargados de humo de tabaco donde se ofrecía poco más que unos *ramen* picantes y café azucarado de máquina expendedora. Hoy son instalaciones a la última con una conexión ultrarrápida a internet, auriculares de alta gama y sillas ergonómicas. Los jugadores pueden quedarse allí toda la noche si quieren, porque abren las 24 horas. Hasta se puede pedir un menú completo para

comer a un precio barato sin apartar los ojos de la fantasía que se vive en la pantalla. Aunque ahora muchos jugadores prefieren quedarse en casa con sus propias consolas (con unas conexiones a internet cada vez más rápidas), los PC-bang siguen ofreciendo algo parecido a una experiencia social a quienes la necesitan, o simplemente una alternativa menos bulliciosa que la vida nocturna en el exterior.

Bajar revoluciones

La veneración coreana de la productividad y la motivación tiene su equivalente en el valor que se otorga a la diversión colectiva al caer la noche. Ya sea con un jolgorio maratoniano que dura toda la noche o con un simple juego con los amigos, las salidas nocturnas son una manera de bajar revoluciones y desconectar. Si algo hay que los coreanos aprecian, es acertar con una buena salida nocturna.

Éxitos deportivos

La vida en Corea es competitiva, y esto ha ayudado a que destaque en la práctica de distintos deportes que han dado al país reconocimiento internacional, además de ser una inmensa fuente de orgullo para sus habitantes.

La afinidad natural por el deporte parece algo innato entre los coreanos, porque su carácter comparte muchos de los rasgos aplicables a los deportistas de élite: son orgullosos, competitivos y están motivados para el éxito. Por todas partes vemos las pruebas de esta motivación: los colegios públicos tienen días dedicados al deporte todos los años, en las azoteas de los edificios de oficinas asoman los campos de práctica de golf, y en todos los barrios de vida nocturna hay máquinas con sacos de boxeo que funcionan con monedas. Además, ver deporte es algo más que una simple afición.

Una potencia emergente

Para ser un país tan pequeño, Corea ha alcanzado un nivel fantástico en el mundo de los deportes. Es más, los continuos éxitos de los patinadores de velocidad en pista corta, los arqueros y los golfistas se celebran tanto como el éxito mundial del K-pop.

Los logros de Corea tienen todavía más mérito al no contar con la condición de favorita. El éxito deportivo se basa en el éxito económico: el desarrollo de infraestructuras y competiciones de alto nivel es una empresa costosa. En este sentido, en un principio Corea iba por detrás del resto después de haber pasado la mitad del siglo XX bajo un régimen colonial represor y una guerra civil que la dejó diezmada. Conforme el país comenzaba a dar batalla y desarrollar su economía, fue hallando la estabilidad y los fondos necesarios para invertir en instalaciones de primer nivel y en el desarrollo de los atletas. Hoy, cada medalla de oro y cada campeonato internacional obtenido por Corea es un orgulloso recordatorio de lo lejos que ha llegado el país.

Pero los deportes son algo más que un orgullo nacional. Son también una vía para que el país aplique sus avances tecnológicos igual que hizo como pionero de los campeonatos profesionales de e-sports (p. 199). Ya sea practicándolos o como espectadores, los deportes son una válvula de escape de la presión de la enseñanza intensiva o de las extensas jornadas laborales. Además, en una cultura en la que uno suele trabar amistades en organizaciones formales como los clubes universitarios y los equipos de trabajo, proporcionan una forma de crear y de fortalecer los vínculos sociales. Más del 10 % de los coreanos son miembros de algún club deportivo.

Lee Dae-hoon (izq.) en la final masculina de taekwondo en los Juegos Asiáticos de 2014

Grandes hitos deportivos

Desde los tiempos de penuria en que luchaba contra todo pronóstico hasta alcanzar la fama mundial, Corea se ha consolidado en el circuito internacional de competiciones deportivas.

1920

Se funda el Consejo de Deportes de Joseon para celebrar y patrocinar competiciones deportivas, lo que aumenta el interés público en los deportes.

1936

Sohn Kee-chung se convierte en el primer coreano que gana un oro olímpico (en la prueba de maratón), aunque lo obligan a competir bajo la bandera japonesa.

1988

Seúl acoge los Juegos Olímpicos de verano, un evento que transforma el deporte y la política de Corea.

1966

Creación del Centro Nacional de Entrenamiento de Corea para fomentar el desarrollo de los atletas coreanos.

2002

Corea organiza la Copa Mundial de Fútbol de manera conjunta con Japón y alcanza las semifinales, lo más lejos que ha llegado nunca un equipo asiático.

2005

Park Young-seok es el primero en escalar las Siete Cimas, los 14 ochomiles y haber recorrido ambos polos.

2022

El futbolista Son Heung-min gana la Bota de Oro de la Premier League inglesa al finalizar la temporada con 23 goles.

2018

Pyeongchang acoge los Juegos Olímpicos de invierno. Corea finaliza con 17 medallas, su máximo histórico.

2010

Kim Yuna obtiene la medalla de oro de patinaje artístico femenino en los Juegos Olímpicos de invierno de Vancouver y establece un nuevo récord mundial de puntuación.

El alma de los deportes

Puede que la práctica del deporte actual esté dominada por algunas importaciones como el béisbol o el fútbol, pero la tradición competitiva coreana reside en las artes marciales. Hoy en día, esta herencia se perpetúa principalmente a través del taekwondo que, curiosamente, es una creación bastante moderna e incluso burocrática con menos de un siglo de historia. Tras la Segunda Guerra Mundial empezaron a surgir unas escuelas de artes marciales llamadas *gwan* que enseñaban su propio estilo de combate. A mediados de los años 50, varias *gwan* comenzaron a fusionar sus estilos con el objetivo de crear un arte marcial coreano unificado. El resultado es lo que se conoció como taekwondo.

Este deporte se ha globalizado, e incluso se ha hecho olímpico en el año 2000, sin dejar de formar parte del núcleo de la sociedad coreana. Todos los niños lo prueban en las clases de Educación física del colegio, y muchos lo practican en academias particulares (más de 10.000 en 2020). Los soldados coreanos también reciben formación en esta disciplina.

El taekwondo moderno es heredero espiritual del *taekkyeon,* considerado el arte marcial más antiguo de Corea al datar de la era de los Tres Reinos. Sus movimientos son fluidos y rítmicos, casi como una danza incesante de las manos y los pies, y servía, en gran medida, como pasatiempo de relajación para la clase trabajadora; los aldeanos participaban en competiciones durante las festividades. El *taekkyeon* estuvo prohibido durante la época colonial japonesa, pero el maestro Song Duk-ki se encargó de recuperarlo —y lo hizo casi en solitario—. Hoy son pocos los coreanos que practican el *taekkyeon,* pero ya no corre peligro de desaparecer: en 2011 se convirtió en el primer arte marcial al que se otorgó la condición de Patrimonio Cultural Inmaterial de la Unesco.

Otro arte marcial ancestral que figura en las listas de la Unesco, el *ssireum (p. 125),* ha pasado de ser una actividad de instrucción militar a ser un pasatiempo popular. Los primeros torneos profesionales se celebraron en la década de 1910, y en los años 70 ya había bastantes equipos profesionales. En 1997 la crisis financiera asiática estranguló el desarrollo de este deporte, de forma que el *ssireum* retornó al amateurismo. Aun así, no deja de ser una parte muy apreciada de la cultura deportiva coreana con torneos televisados que se celebran durante las fiestas importantes y combates improvisados que se montan en las reuniones familiares. Quizá los coreanos hayan tendido hoy hacia los deportes modernos, pero las artes marciales no dejarán de ocupar un lugar en su cultura.

Inspiración artística

A lo largo de los siglos, el *ssireum* ha sido objeto de numerosas representaciones pictóricas. La más famosa data de 1784 y se titula *Ssireum,* del artista joseonita Kim Hong-do. El cuadro representa una escena que parece contemporánea: una multitud observa a dos hombres que forcejean mientras un vendedor pasea ofreciendo caramelos.

1 La arquera Kang Chae-young compitiendo en los Juegos Olímpicos de 2020

2 Luchadores de *ssireum* compitiendo en Andong

3 Combate de taekwondo en los Juegos Olímpicos de 2020

4 La estrella del fútbol Son Heung-min

5 Los aficionados animan al equipo de béisbol de los Doosan Bears en Seúl

ESPECIALIDADES DEPORTIVAS

El deporte coreano incluye lo tradicional y lo nuevo, lo global y lo autóctono. Los deportistas han logrado el éxito en una inmensa variedad de disciplinas, aunque siempre hay deportes considerados nacionales.

Tiro con arco

Esta tradición ancestral es tan icónica que tanto el deporte como el arte de fabricar los arcos y las flechas son Bienes Culturales Inmateriales Nacionales. Hoy en día, los arqueros coreanos dominan las competiciones internacionales, en especial las femeninas, donde han obtenido nueve de los diez últimos oros olímpicos en competición individual, 19 de las 30 medallas olímpicas concedidas desde 1984 en competición individual y todos los oros olímpicos por equipos que se han disputado (1988-2021).

Ssireum

Una forma ancestral de lucha cuerpo a cuerpo donde los oponentes se agarran uno al otro del *satba* —un fajín que rodea la cintura y un muslo— e intentan llevar al suelo cualquier parte del cuerpo del otro que esté por encima de la rodilla. Al contrario que en el sumo japonés, los golpes no están permitidos, y lo único que se consigue al sacar del ring al contrario es volver a empezar. El premio tradicional para el vencedor era un buey. Hoy, muchas mujeres han comenzado a practicar un deporte que era exclusivamente masculino.

Taekwondo

Ningún deporte está más íntimamente asociado a Corea que el taekwondo. Las artes marciales coreanas dieron lugar a este deporte en las décadas de 1940 y 1950 a partir del kárate, el wushu y artes marciales coreanas ancestrales como el *taekkyeon,* para crear un deporte en el que destacan las patadas atléticas, la velocidad y el respeto por el contrario. En el taekwondo olímpico, los atletas comienzan el combate con una reverencia y obtienen puntos al impactar patadas o puñetazos en la cabeza o el torso de su oponente.

Fútbol

El idilio de Corea con el fútbol se remonta a 1882, momento en el que se cree que los marinos británicos lo introdujeron por el puerto de Incheon. Hoy, la K League es posiblemente la mejor competición doméstica de Asia, sus equipos han ganado la AFC Champions League en una cantidad récord de 12 ocasiones. A escala global, el equipo nacional masculino ha participado en todas las fases finales de la Copa del Mundo desde 1986, una racha que incluye una mágica presencia en las semifinales en 2002. Corea también ha alumbrado a algunos de los mayores talentos individuales del mundo, en especial Son Heung-min y Ji So-yun, ambos nombres muy conocidos entre los aficionados de todo el mundo.

Béisbol

La KBO (Organización de Béisbol de Corea) es la liga deportiva más popular de Corea, y los estadios se llenan todo el verano. La KBO está mucho mas desinhibida que su equivalente estadounidense, la Major League Baseball, con grupos de animadoras que guían de forma coordinada los cantos de los ruidosos aficionados y con los *bat flips,* cuando el bateador tira el bate dando vueltas después de un *home run,* que aquí se consideran un arte maravillosamente irrespetuoso. Los jugadores coreanos han alcanzado el éxito internacional, muchos de ellos han llegado a las grandes ligas, y el equipo nacional ganó la medalla de oro en los Juegos Olímpicos de 2008.

COREA ES
UNA HISTORIA QUE CONTAR

El relato de Corea no se limita a los libros de historia: está presente en todos los aspectos del arte y la cultura, ya sea en el teatro, la literatura, el diseño o la moda. Entre aquellos primeros reinos enfrentados, la ocupación colonial japonesa y la guerra de Corea, este país ha sobrevivido a la tragedia y los tiempos convulsos, pero —pese a mirar sin miedo hacia el futuro— se niega a olvidar sus orígenes. Hoy hay libros y obras de teatro que cuentan la historia de Corea tal y como fue, pero esa historia también aparece en los lugares más inesperados: por ejemplo, en los alegres murales que en los últimos años han revitalizado el aspecto de unas aldeas en ruinas, la innovadora arquitectura que define las siluetas de los cielos urbanos y la moda experimental que domina tanto las pasarelas como la propia calle. Siempre reflexiva, en constante evolución, las páginas del relato de Corea continúan escribiéndose.

예술적 정체성

Identidades artísticas

Desde cerámicas maravillosas hasta instalaciones multimedia punteras, los coreanos han cultivado un carácter artístico dinámico, heredando y reformulando en el proceso toda una serie de influencias mundiales.

El arte siempre ha ido mucho más allá de la mera decoración. Tradicionalmente, las delicadas piezas de artesanía daban fe del atractivo de los rituales y la religión, antes de que otros estilos nacionales comenzaran a teñir la paleta creativa coreana. Hoy, estas influencias se han adaptado con enorme belleza, y los siglos de creatividad nos ayudan a entender mejor la historia, la cultura y el lugar de Corea en el mundo.

Las primeras formas

El arte coreano tradicional incluyó un abanico de artesanías como el trabajo con metal, el tallado de jade, la escultura y la cerámica. Los grandes tesoros de la antigüedad dicen mucho sobre

la importancia de la religión, desde las tallas de la gruta Seokguram hasta las estatuas de los bodhisattvas.

La pintura con tinta sobre papel o seda llegó a Corea a través de China en el periodo Goryeo (918-1392). Los paisajes de inspiración china pintados en tinta negra solían representar unos imponentes picos rocosos sin apenas presencia humana. Había que ser todo un maestro con los diferentes pinceles para crear los evocadores trazos de unos precipicios envueltos en niebla o los intrincados detalles de los árboles. Aunque la destreza técnica fuera importante, lo que de verdad contaba era crear un efecto contemplativo en la mente del observador. Solo en el siglo XVIII, los pintores coreanos se atrevieron con nuevos estilos y dibujaron maravillosos escenarios locales como el monte Kumgang, en lugar de variaciones de famosos paisajes chinos.

La dinastía Joseon (1392-1910) adoptó un nuevo estilo de bodegones llamado *sagunja* o los «cuatro nobles». Estos cuadros mostraban cuatro plantas —la flor del ciruelo, el bambú, la orquídea y el crisantemo— para simbolizar virtudes neoconfucianas como la humildad, la perseverancia y la pureza. Otro tipo de pintura tradicional importante del periodo joseonita fue el *minhwa* (pintura popular), realizado por artistas de clase trabajadora para atraer la buena fortuna a los hogares humildes. La mayoría se pintaban sobre *hanji* (un papel tradicional coreano hecho con corteza de morera) y recordaban viejos cuentos populares, que a menudo tenían por protagonistas animales poderosos como los tigres. La artesanía *minhwa* fue perdiendo fuerza durante la guerra de Corea y el pe-

riodo de rápido desarrollo posterior, aunque se ha recuperado en las últimas décadas.

Bordados y arte con nudos

La pintura no fue lo único que floreció en la era joseonita. Las mujeres dejaban volar su vena artística en el delicado proceso del bordado (*jasu*) y la artesanía del nudo decorativo (*maedeup*). Los objetos cotidianos se adornaban con bordados para llenarlos de símbolos chinos propicios como las mariposas, que simbolizan la felicidad en el hogar.

La corte joseonita contrataba las mejores manos para su departamento de bordados, y los rangos oficiales se indicaban mediante un bordado en las ropas: los funcionarios llevaban una grulla (u otras aves); el rey, un dragón; y la reina, un ave fénix.

Los nudos decorativos se han añadido tradicionalmente a los bordados, a los instrumentos musicales y otros objetos. Los profesionales utilizan un cordel de seda para hacer un nudo

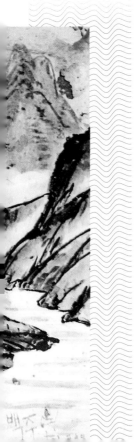

Abajo Pintura que representa a un tigre en el templo Bongeunsa, en Seúl

Derecha Bordado fino en un atuendo coreano tradicional

129

Arriba Una borla decorativa adorna un instrumento musical

Abajo Hileras de tinajas de cerámica

Derecha Autopista *superelectrónica* (1995), de Nam June Paik

complejo y completarlo con su borla. Hoy el *hanbok,* el traje tradicional que se viste en ocasiones especiales, suele adornarse con nudos decorativos y bordados coreanos.

Una cerámica magistral

Aunque los bordados ocupan un lugar especial en la historia del arte coreano, la cumbre de la creación artística del país es sin duda la cerámica. Corea está cubierta de altas montañas graníticas, y los sedimentos que se acumulan en ellas han ayudado a generar un constante suministro de arcillas para las alfarerías coreanas; la más antigua de ellas data del año 6000 a. C., aproximadamente. Estas vasijas prehistóricas se hacían en unos fosos abiertos, pero la cerámica del periodo de los Tres Reinos se benefició de la importación de ciertas técnicas chinas como el torno de

alfarero y los hornos de cocción. La cerámica coreana tiene su punto culminante en el celadón (o *cheongja*) de Goryeo, que adquiere su leve tono verde azulado gracias al hierro de las arcillas y otros compuestos químicos del vidriado. Hacia el siglo XII, los maestros alfareros de Goryeo iban más allá de las influencias chinas y utilizaban técnicas de incrustación con las que grababan sus diseños en la cerámica y luego rellenaban los surcos con barbotina y aplicaban el vidriado. Desde la década de 1970, se han recuperado inmensos cargamentos de celadón de Goryeo de los naufragios en la ruta de la seda, una prueba evidente del poderío de aquella industria.

Durante la siguiente y última dinastía coreana, la dinastía Joseon, la cerámica era fundamentalmente blanca, de ahí el término *baekja:* «porcelana

blanca». La sencillez de la *baekja* casaba bien con los ideales neoconfucianos de la época, que veneraban una estética simple. Era tal la maestría de los alfareros joseonitas, que los japoneses capturaron a miles de ellos durante sus dos grandes invasiones en la guerra de Imjin (1592-1598) y los obligaron a trasladarse a Japón. Estos conflictos, que hoy día se conocen como «las guerras de la cerámica», se cobraron un doloroso peaje cultural en Corea, mientras que los artesanos trasladados a la fuerza elevaron la cerámica japonesa a nuevas cotas.

Producida durante siglos de pericia artesanal, la magnífica cerámica coreana se exhibe ahora con orgullo en instituciones como el Museo Nacional y el Museo de Arte Leeum. Por su parte, allá donde mires puedes ver una cerámica de carácter más humilde en la forma de *onggi*, vasijas de barro oscuro que se emplean para almacenar alimentos fermentados como el *kimchi*.

Una era de transición

Igual que la cerámica coreana le debía mucho en su origen a la influencia china, a finales del siglo XIX comenzaron a llegar a Corea otras formas de arte globales. La pintura al óleo, introducida por los artistas occidentales, era una alternativa a la tinta que había reinado a lo largo de siglos. Esto fomentó un periodo de experimentación artística en el que los coreanos trataron de labrarse una identidad moderna y sentaron las bases para otros innovadores y visionarios contemporáneos como Nam June Paik (1932-2006).

De todos modos, para un artista coreano en ciernes no era fácil hacerse un nombre en estos nuevos campos artísticos. Como no podían cursar estudios formales en su tierra durante el periodo de ocupación japonesa (1910-1945), los artistas solían recurrir a instituciones como la Escuela de Bellas Artes de Tokio. El gran Lee Jung-seob (1916-1956) se formó en Japón, donde aprendió técnicas que más tarde utilizó para captar el alma rural de Corea en sus pinturas al óleo. El artista abstracto Kim Whanki (1913-1974) también aprendió el oficio en Tokio, aunque sus primeras obras ya incluían toques coreanos como unas mujeres en *hanbok*. Su estilo evolucionó hasta que se centró en unas hileras muy detalladas de líneas y puntos azules parecidos a unas células, y allanó el terreno para el movimiento *dansaekhwa* (pintura monocromática), que se inició en los años 70. En un evidente minimalismo, los artistas del *dansaekhwa* como Park

Nam June Paik

Nam June Paik (1932-2006) fue el artista coreano de mayor influencia en el siglo XX. Nació en Seúl, huyó al comienzo de la guerra de Corea y se instaló en Nueva York. Tras unos inicios como compositor vanguardista, Paik comenzó a crear sus características instalaciones de esculturas con pantallas de televisión. Tan bromista como artista cerebral, Paik dejó cientos de obras como unas grandes figuras al estilo de robots hechos con televisiones y una pagoda televisiva gigante.

Seo-bo (n. 1931) tendieron hacia unos colores tenues y se sumergieron en las filosofías budista y taoísta. Desde el año 2000, el *dansaekhwa* está resurgiendo con exposiciones de artistas de la primera y la segunda ola por todas las capitales de arte del mundo.

El estilo contemporáneo

En la década de 1980, la presidencia de Chun Doo-hwan rebajó la censura, y la creciente libertad de expresión dio pie al florecimiento del panorama artístico. La agitación política también cumplió su parte: el Levantamiento de Gwangju (1980) inspiró protestas a favor de la democracia por todo el país. De ahí surgió el arte *minjung* («reunión de gente»). Campechano y político, el arte *minjung* apareció en carteles de manifestaciones y en paredes tanto como en los lienzos. El arte como arma política regresó a mediados de la década de 2010 con las implacables sátiras sobre el expresidente Park Geun-hye, obra de pintores como Hong Sung-dam (n. 1955). A raíz de los

problemas que causaron, estos artistas terminaron en listas negras gubernamentales y se enfrentaron a la censura, la negativa de financiación pública y la exclusión de eventos culturales.

Lejos de la política, un movimiento predominante desde mediados de la década de los 2000 ha sido el arte interdisciplinar multimedia, con obras que trascienden los límites entre géneros y combinan las filmaciones con elementos escénicos como la danza. Uno de los hitos del arte multimedia coreano fue *Wave* (2020), una inmensa instalación pública en Seúl que utilizaba dos pantallas led para crear la ilusión de una ola que rompía una y otra vez dentro de una caja rectangular acristalada.

A pesar de las influencias globales y la constante mejora de los medios tecnológicos, algunas corrientes artísticas en Corea se mantienen en una firme armonía con la tradición. Por ejemplo, el fotógrafo Bae Bien-u (n. 1950), famoso por sus evocadores escenarios de pinos y otras formas orgánicas en blanco y negro, continúa con el trabajo de observación del paisaje que se inició con la llegada de la pintura con tinta.

Mientras una generación de nuevos artistas vuelve la mirada hacia el pasado para renovar el patrimonio cultural del país, los creativos modernos están poniendo del revés la identidad nacional al explorarla desde ángulos inesperados. Con una fuerte financiación pública y multitud de museos y galerías de primer nivel, la continuidad del auge artístico de Corea está garantizada, tanto dentro de la tradición como fuera de ella.

Wave («Ola», 2020), una impresionante obra de arte digital en Seúl

Momentos artísticos fundamentales

Los descubrimientos y la experimentación han dado forma al recorrido del arte coreano. Estos momentos cambiaron para siempre el panorama artístico.

660

Toma de la capital de Baekje (la moderna Buyeo), con la destrucción de gran parte del legado artístico del reino.

Siglo XIV

Las exquisitas pinturas *Luna de agua Avalokiteshvara* en los pergaminos señalan la cúspide de la pintura budista coreana.

1816

El pintor Kim Hong-do completa sus álbumes de pintura costumbrista con escenas cotidianas de la vida en Joseon.

Siglo XVI

Shin Saimdang (1504-1551) pinta su biombo con plantas e insectos para inspiración de las bordadoras.

1900

Arqueólogos japoneses comienzan a excavar en busca de tesoros artísticos coreanos, en especial el celadón de Goryeo.

1951

La pintora Chun Kyung-ja (1924-2015) expone *El estado de la vida*, un resumen del espíritu imperante en tiempos de guerra.

1998

El artista Nam June Paik saluda al presidente Bill Clinton en la Casa Blanca... y se le caen los pantalones.

1995

Se celebra la primera Bienal de Gwangju, primer festival bienal de arte contemporáneo de Asia.

1971

Abre la primera galería de arte privada del país donde se exhiben las obras recopiladas por el coleccionista Jeon Hyeong-pil.

벽화 마을

Las aldeas murales

Tras la guerra de Corea, fueron surgiendo muchos barrios pobres, con residentes sin recursos que buscaron instalarse en chamizos improvisados en lo alto de unas pendientes áridas. Estas laberínticas «aldeas lunares» (*daldongne*), llamadas así por su situación elevada, fueron lugares desatendidos y estigmatizados durante décadas. La respuesta de la administración fue traer el arte y la cultura a estas zonas.

El barrio seulés de Ihwa fue uno de los elegidos para ese lavado de cara cuando llegó el momento de las reformas. Llegaron artistas coreanos de todas partes para decorar con pinturas coloridas las paredes de los tortuosos callejones, incluido un mural de peces koi en una escalinata pública. Muchos de estos murales hacían un ingenioso uso de los ángulos: los koi, por ejemplo, solo se veían enteros al observarlos desde un punto concreto. La iniciativa fue un éxito que atrajo mucha actividad económica y turismo.

La administración estatal descubrió que los murales eran una manera eficaz de revitalizar las comunidades económica y culturalmente, así que lo aplicó por todo el país. Artistas, estudiantes y los propios lugareños se encargaron de decorar las admiradas paredes de la Aldea Cultural Gamcheon, en Busan. Aun así, para algunos, todo ese aumento de gente por las calles, los niveles de ruido y la inevitable gentrificación supone un problema real, y hay quien ha pintado sobre el famoso mural de los peces koi como un acto de resistencia.

Mural de peces gigantes en la Aldea de Murales Ihwa, pintado en 2016

Un linaje arquitectónico

Desde las granjas rurales hasta los monolitos vanguardistas, la variada estética arquitectónica de Corea refleja la historia del país, sus valores y ambiciones.

A lo largo de los siglos, los coreanos han adaptado su arquitectura a diferentes instituciones y objetivos, desde la antigua veneración a la simplicidad de la naturaleza hasta la obsesión moderna con la velocidad y la utilidad. La rápida modernización rompió las sencillas prácticas de la construcción tradicional, y el país se esfuerza ahora por integrar la sabiduría de su pasado arquitectónico.

Estética tradicional

Tradicionalmente, tanto los edificios altos (palacios reales, templos en las montañas) como los bajos (comercios, granjas) evitaban los extremos. Los arquitectos buscaban la armonía con la naturaleza mediante el uso de unos materiales naturales como la piedra y la madera, y líneas poco llamativas como los tejados con pendientes suaves.

Este planteamiento está presente en el *hanok*, la vivienda coreana tradicional. La piedra proporciona la base del edificio, y la madera —pino, por lo general— se utiliza para el armazón y el suelo. Las paredes son de una mezcla de paja y tierra compactada, una arcilla roja llamada *hwangto*. Las ventanas y las puertas de listones de madera están recubiertas de papel de morera tratado *(hanji)* que al mismo tiempo es transpirable y resistente al agua. Los tejados están hechos de tejas o de paja de la planta del arroz. Lo maravilloso de todos estos componentes tan disponibles es que se pueden retirar con facilidad y reutilizarlos en edificios nuevos.

La estrecha relación del *hanok* con el mundo natural se extiende a su forma y su distribución. En el norte, los *hanok* solían construirse en un rectángulo alrededor de un pequeño patio para mantener a raya los vientos fríos. En el sur, donde los inviernos son suaves, se construían en una línea recta para maximizar el flujo del aire. Sea cual sea su forma, todos los *hanok* suelen incorporar un *madang* (patio) y

un ingenioso sistema de calefacción radiante llamado *ondol*.

La guerra de Corea y, más tarde, las prisas por modernizar destruyeron muchos edificios tradicionales. Se calcula que solo en Seúl había alrededor de 129.000 *hanok* en 1961; a mediados de la década de 2010 quedaban menos de 12.000. Sin embargo, estos edificios han hallado un renovado atractivo en los últimos años. Muchos se han convertido en cafés y restaurantes, y la ciudad de Seúl ha levantado un barrio de *hanok* completamente nuevo. Los constructores están fusionando pasado y presente con los *sinhanok*, o «nuevos

Decoración colorida en las vigas de un edificio tradicional en Jeonju

hanok», con estructuras tradicionales y sostenibles y unos interiores de una asombrosa modernidad.

Utilidad contemporánea

Los edificios que comenzaron a reemplazar a los *hanok* a lo largo del siglo XX supusieron un cambio sostenido en la arquitectura coreana, catalizado por acontecimientos que tenían lugar tanto dentro como fuera de sus fronteras. Conforme el país iba abriéndose al exterior, fueron llegando los estilos arquitectónicos extranjeros, una tendencia que se aceleró durante la ocupación japonesa. Más adelante, la destrucción de ciudades y pueblos durante la guerra de Corea tuvo como resultado unas prisas desenfrenadas por reurbanizar y reconstruir: la velocidad mandaba. Corea miraba al mundo en busca de inspiración para sus restauraciones urbanas a gran escala, y de ese modo los diseños globales fueron ganando importancia.

Los gobiernos y las constructoras respondieron al auge de población y urbanización del país con un cambio pragmático hacia un nuevo abanico de diseños y materiales. La madera, la piedra y el barro dieron paso al cemento y el ladrillo. Los pequeños edificios de pisos o de tres o cuatro plantas divididas en apartamentos sustituyeron al *hanok* como la típica vivienda coreana, y a partir de la década de 1970 surgieron también modernos complejos de torres de apartamentos, sobre todo en las ciudades.

Al mismo tiempo, arquitectos influyentes como Kim Swoo-geun (1931-1986) fomentaban una estética coreana moderna, una adaptación de las tradiciones a la arquitectura contemporánea. Una de las primeras infraestructuras en llevarlo a la práctica fue el Estadio Olímpico de Seúl que Kim diseñó para los Juegos de verano de 1988, con unas líneas que imitaban las elegantes curvas de una vasija de porcelana de la dinastía Joseon.

Aprender del pasado

Desde el cambio de milenio, esta fusión de pasado y presente, de lo propio y lo extranjero, ha dejado de ser la excepción para convertirse en la norma. Muchos de los nuevos edificios incorporan elementos tradicionales. Puede tratarse de algo tan simple como un elegante bloque de oficinas con un patio interior inspirado en un *madang* o tan espectacular como la Lotte World Tower de Seúl, que está diseñada para evocar un pincel de caligrafía y, con sus 555 metros, es el edificio más alto del país. Los arquitectos, las constructoras y el gobierno están haciendo un renovado hincapié en la sostenibilidad y los

Arriba El Tri-Bowl, centro de exposiciones futurista de Incheon

Izquierda El imponente pico de la Lotte World Tower de Seúl

recursos naturales del diseño arquitectónico. Puede que el ejemplo más llamativo sea el distrito financiero internacional de Songdo, una ciudad entera levantada de cero sobre 600 hectáreas de terreno ganado al mar. Cuenta con la mayor concentración de proyectos con certificación LEED en el mundo, una garantía de la sostenibilidad de sus materiales y su diseño.

El linaje arquitectónico coreano cuenta una historia fascinante, con estructuras que responden a toda una variedad de modas y necesidades cambiantes. El resultado es una estética nacional que habla de manera elocuente sobre las fuerzas que han dado forma a la nación moderna.

Ondol

Uno de los elementos más particulares de la arquitectura coreana es un sistema de calefacción por suelo radiante conocido como *ondol*. El diseño básico se remonta al menos dos milenios, con unos tiros de chimenea que parten del fuego de la cocina y dirigen el calor y el humo por debajo de la tarima, calientan la casa y, además, mantienen alejadas a las ratas y otras plagas. La meticulosa construcción de estos conductos impide que el humo se disipe rápidamente, lo que garantiza que la casa se conserve cálida y acogedora.

1 Palacio
Gyeongbokgung

2 Edificaciones
independientes en
el templo Tongdosa

3 Un *hanok* en la
aldea tradicional
de Jeonju

4 La muralla de la
fortaleza Hwaseong

5 El Dongdaemun
Design Plaza, de
Zaha Hadid

Aunque la arquitectura coreana abarque toda una serie de estilos e influencias, hay una serie de diseños importantes que han destacado a lo largo de los siglos.

Palacios

Casi todos los edificios regios de Corea datan del periodo joseonita (1392-1910) y eran versiones más majestuosas de la arquitectura tradicional: bases de piedra, estructuras de madera y tejados de teja. Su emplazamiento armonioso lo dictaba el *pungsu*, la geomancia coreana. Dos de sus magníficos ejemplos son los palacios Changdeokgung (cuya planta sigue de manera ingeniosa los contornos naturales del terreno) y Gyeongbokgung.

Templos y santuarios

Los templos y los santuarios budistas son más grandiosos que los edificios seculares, como reflejo de la importancia de la religión en Corea. Su elevado simbolismo se revela en la decoración, y en especial en los *dancheong*, unos coloridos diseños florales y geométricos en los cinco tonos simbólicos de azul, rojo, amarillo, blanco y negro *(p. 144)*. Durante la dinastía confuciana de Joseon, el budismo fue reprimido, y la mayoría de los templos se construyó en las montañas; eso implica que muchos conjuntos tienen una planta irregular en función de la topografía.

Fortalezas

La mayoría de las fortalezas son *sanseong* o fortalezas de montaña construidas fundamentalmente con piedra y haciendo uso de las defensas naturales que proporciona el escarpado paisaje de Corea. El diseño de la fortaleza coreana alcanza su cumbre en Hwaseong, construida entre 1794 y 1796 en Suwon. Las murallas de la fortaleza, formadas por bloques de piedra, se extienden a lo largo de 5,7 km, siguiendo los riscos del monte Paldal. Como es típico en estas construcciones coreanas, Hwaseong tenía una puerta principal en cada uno de los puntos cardinales y unas torres almenaras donde se encendían fuegos para comunicarse con las fortalezas e instalaciones militares cercanas.

Hanok

Es el elemento que define la arquitectura típica de Corea, viviendas construidas tanto en entornos rurales como urbanos y casi por completo con los materiales naturales que hubiera disponibles. Dado que en cada casa se hacía su propio *kimchi* y sus salsas fermentadas, el *hanok* tradicional tenía una plataforma llamada *jangdokdae* en la parte de atrás, donde se almacenaban las tinajas de *kimchi*, salsa de soja, *gochujang* y *doenjang* (pasta de soja fermentada).

Edificios modernos

Los edificios actuales tienen dos diseños distintos. Uno busca el pragmatismo con los bloques de oficinas y apartamentos. El otro es más historiado y trata de confirmar el lugar de Corea como potencia global económica y creativa. Algunos edificios emblemáticos se integran con el terreno, como el valle de acero y cristal de Dominique Perrault en la Universidad Femenina Ewha; otros intentan destacar tanto como sea posible, como el místico Dongdaemun Design Plaza de Zaha Hadid.

Póster de los Juegos
Olímpicos de Seúl
de 1988

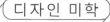

La estética del diseño

Casi recién llegado al idioma coreano, el término «diseño» —o el préstamo adaptado del inglés *dijain*— asoma ya en todos los aspectos de la vida. El diseño se ha convertido en una industria pujante en sí misma.

El diseño, un lujo impensable al comienzo de la industrialización de una Corea desgarrada por la guerra, se ha convertido en un elemento central en muchos aspectos de la vida del país. Como tantas otras cosas, el buen diseño es una forma de expresar el relato y la identidad de Corea, de afirmar su autonomía y su destreza más allá de sus fronteras.

El diseño engloba multitud de formas, desde la tipografía hasta las infraestructuras públicas, dando lugar a una estética coreana rica pero no menos cohesionada. El estilo de diseño de un cartel gráfico puede influir en los planos de los últimos aparatos electrónicos. Las curvas y las superficies lisas de los productos electrónicos se replican, a su vez, en los espacios públicos bien diseñados y en sus ordenados interiores.

Identidad gráfica

Cuando uno piensa en el diseño, suele venir a la mente el de tipo gráfico, algo con lo que Corea lleva más de un siglo experimentando. El diseño gráfico coreano se inició en 1893 con la Taegeukgi, la bandera nacional de la República de Corea. Está llena de símbolos *(p. 144)* que representan los valores de la nación, y el predominio del blanco simboliza el deseo de la paz. La fuerza del diseño gráfico para la nación se ve igualmente reflejado en el póster de los Juegos Olímpicos de 1988. Aunque el cartel tenía la huela del estilo japonés (cuya robusta cultura visual siguió influyendo en Corea mucho después del final de la era colonial), la fusión del azul y el naranja simboliza el apodo de Corea: el país de la Calma Matutina.

뉴 트 로
Newtro

Una tendencia en el diseño y la cultura que fusiona lo nuevo y lo retro para dar un aspecto moderno y *vintage* a la vez.

Diseñadores gráficos

Corea cuenta con un próspero sector del diseño, donde muchos creadores están remodelando el terreno con sus originales gráficos.

Ahn Sang-soo

Gran diseñador tipográfico que crea tipos inspirados en las formas de los caracteres del *hangeul*.

Seehee Chae

Sus coloridas ilustraciones figuran en tarjetas de crédito y en cubiertas de discos. También ha creado ilustraciones para la selección coreana en la Copa del Mundo Femenina de la FIFA.

Sulki & Min

Choi Sulki y Choi Min trabajan con numerosas instituciones culturales del mundo para crear asombrosos diseños y promociones.

Hong and Kim

Eunjoo Hong y Hyungjae Kim dirigen G&Press, que publica unos libros y revistas de diseño gráfico muy particulares.

Con el diseño gráfico, la tipografía también ha desempeñado su papel en la identidad visual de Corea. Pocos aspectos de la cultura clásica despiertan tanto orgullo como el *hangeul,* desarrollado en 1443 como una alternativa a los ideogramas chinos que fuera fácil de aprender. La tipografía del *hangeul* ha cambiado poco a lo largo de los siglos. Desde la llegada de la autoedición en los años 80, las formas agrupadas y de líneas limpias del *hangeul* —reconocibles de un vistazo incluso para quien no sabe leerlas— aparece en una variedad cada vez más amplia de tipografías. Algunas evocan los signos pintados a mano del pasado coreano, mientras que otras adoptan el aire y el aspecto de su presente digital.

Interiores cuidados

Por supuesto, el diseño no se limita a los carteles y las tipografías: también está presente en la vida cotidiana. Ya sean domésticos o comerciales, muchos espacios en Corea son de tamaño reducido y distribución básica. Le corresponde al interiorismo (para el que utilizan el préstamo *interieo*) dotarlos de personalidad. Muchos utilizan peculiares combinaciones de modas occidentales —como los sofás de cuero y los rieles de luces— con otras identificables como coreanas, como los biombos de seda y los muebles muy bajos. La mayoría de las viviendas y oficinas de clase media son espacios prácticos con tecnología de consumo entre comodidades más rústicas.

Productos inteligentes

El espacio del hogar no es único que puede contar con un diseño asombroso; también lo hacen los productos que se encuentran en su interior. Para empresas de electrónica de consumo como LG, el aspecto exterior de un aparato es casi tan importante como la tecnología puntera que lleva dentro. LG concibe su gama de televisores como obras de arte enmarcadas en la pared, con diseños ultrafinos para integrarse mejor en los espacios. Recientemente ha presentado la primera televisión

Obangsaek

El diseño tradicional coreano incluye el espectro de color *Obangsaek.* Cada uno de los cinco colores representa una orientación y uno de los cinco elementos: el azul es el este y la madera, el rojo es el sur y el fuego, el amarillo es el centro y la tierra, el blanco es el oeste y el metal, y el negro es el norte y el agua. El *Obangsaek* está relacionado con la teoría del yin y el yang, que subraya la necesidad de una vida en equilibrio. Estas ideas quedan resumidas en la bandera coreana, la Taegeukgi, donde figura el taekgeuk (el símbolo del yin y el yang) y utiliza cuatro de los cinco colores cardinales.

«enrollable», que se recoge casi como un papel pintado y pasa desapercibido cuando no se utiliza.

Infraestructuras públicas

Este cuidado por los detalles también se extiende a los espacios públicos bien diseñados de Corea. El espíritu que levantó el Parque Olímpico de Seúl en Gangnam se ha mantenido vivo en el siglo XXI, y su ejemplo más conocido es el Cheonggyecheon, un arroyo de cerca de 11 kilómetros que atraviesa el centro de Seúl. Construido sobre una antigua autovía, este proyecto marcó un cambio de mentalidad, un paso de la costumbre del cemento a mediados del siglo XX a la restauración urbana.

La revitalizante ola de desarrollo de alto diseño se extiende a las islas del río Han, incluida la isla Nodeulseom, con su elaborado complejo de espacios dedicados al arte, la música y otras áreas culturales. Este diseño tan animado y característico se ha convertido en la seña de identidad de la cultura coreana moderna y en un medio clave con el que el país va tallando su identidad singular.

Izquierda La bandera Taegeukgi, con los colores del *Obangsaek*

Abajo El Cheonggyecheon, en el centro de Seúl

Estantes bien
surtidos de la librería
Book Park de Blue
Square, en Seúl

문학적 기념비

El canon literario

Puede que los coreanos pasen hoy más tiempo conectados a internet, pero el gusto por la lectura se mantiene vivo, con una literatura que pone el foco sobre las cuestiones que impulsan y definen la sociedad.

Cuando *La vegetariana* de Han Kang ganó el premio Man Booker International en 2016, el mundo se entusiasmó con la literatura coreana —igual que con todo lo coreano—, pero los poetas y los novelistas llevan siglos relatando historias a los coreanos, y hoy en día nuevos autores se unen a los grandes nombres mundiales a un ritmo más veloz que nunca.

Fábulas y folclore

El formato narrativo coreano más antiguo es la leyenda, los mitos chamánicos y los cuentos populares que se han ido transmitiendo de boca en boca durante generaciones. Los cuentos, en particular, funcionaban a modo de fábulas con unos fines tan variados como métodos se utilizaban para contarlos. Algunos señalaban el paso de las estaciones y se contaban alrededor de un fuego; otros recordaban tragedias sociales y se interpretaban como un *pansori* (narración lírica). La esencia de estos cuentos incorpora-

ba alguna lección importante, y el énfasis sobre la formación moral llegó hasta las primeras obras escritas e impresas en *hangeul*.

La literatura popular

El nacimiento del *hangeul* en 1443 *(p. 34)* abrió nuevas perspectivas para la literatura popular. El primer poema en *hangeul* —*Yongbieoncheonga* («Canto de los dragones que vuelan al cielo»)— se publicó en 1447 y narraba los avatares de la dinastía Joseon. Igual que los primeros cuentos orales se ocupaban de las creencias espirituales, este poema habla del auge de las virtudes budistas y confucianas y celebra la fortaleza moral y espiritual de Corea.

Según crecía el público de los textos vernáculos, la literatura se fue expandiendo más allá de sus orígenes espirituales. Entre las primeras obras de ficción, una de las más populares fue la novela del siglo XVIII *Hong Gildong-jeon* («La historia de Hong

Iconos de la literatura

El sueño de las nueve nubes

Esta obra maestra de Kim Man-jung de 1687 fue una de las primeras obras coreanas traducidas al inglés. Con múltiples capas, está impregnada de ideas budistas y confucianas.

Yi Sang: Selected Works

Los relatos cortos y poemas vanguardistas de Yi Sang (1910-1937) son experimentales y están teñidos de melancolía.

La juventud duele

Esta colección de ensayos publicada en 2011 del profesor de la Universidad Nacional de Seúl Kim Rando ha inspirado a toda una generación.

Razones para viajar

El libro de ensayos sobre viajes de Kim Young-ha cautivó a los coreanos cuando se publicó en 2019.

Misaeng

Una serie de nueve novelas gráficas publicadas entre 2012 y 2013 sobre las tribulaciones de un oficinista de bajo rango.

Gildong»), que tuvo un doble impacto: aprovechaba las temáticas recurrentes de las antiguas fábulas coreanas para narrar el viaje de su protagonista, al tiempo que cuestionaba la suerte cambiante de la nación moderna.

El estado de la nación

Más allá de los cuentos populares, otro género importante del canon coreano es el comentario político: no es ninguna sorpresa, dado el gran impacto que tuvieron en la población tanto la ocupación japonesa como la guerra de Corea. Fundamentalmente, el *Hong Gildong-jeon* mostraba cómo los autores podían utilizar los trucos de la narración tradicional para plantear cuestiones políticas, y esta herramienta

Abajo Trío de jóvenes escritores hacia 1936: Yi Sang, el novelista Park Tae Won y el poeta Kim So-un

Izquierda Cubierta de la edición estadounidense de *Kim Jiyoung, nacida en 1982*

tuvo una buena acogida entre una nueva generación de escritores del siglo XX. Autores innovadores como Yi Sang y Yi Kwang-su se empeñaron en crear un estilo propio de literatura coreana, escrito en *hangeul,* y en centrarse en temas de actualidad; *The Heartless* (1917), de Yi Kwang-su, es un magnífico ejemplo de este nuevo estilo. Se suele citar esta como la primera novela moderna de Corea, una obra que captura la forma de hablar de la gente de a pie y narra un triángulo amoroso con la ocupación japonesa como telón de fondo.

Las obras que reflejaban las cuestiones de su tiempo ocupaban un lugar importante en el canon literario. Con frecuencia se trataba de temas como el exilio y las crisis sociales, como en el sombrío relato *Obaltan* («Bala perdida», 1959), que detalla la alienación y la miseria de unos refugiados que regresan a casa tras la guerra de Corea.

Voces modernas

Las voces masculinas han dominado mucho tiempo en los textos políticos, pero en la última década ha surgido una nueva y potente ola de novela feminista, escrita por y sobre mujeres. En 2016, Cho Nam-joo publicó *Kim Ji-young, nacida en 1982,* una potente historia sobre la psicosis de una mujer frente a la misoginia. Tuvo tal impacto que algunos hombres atacaron a los partidarios de la novela y se quejaron de su contenido en internet. Aunque en Corea todavía perdura una sociedad patriarcal, las escritoras feministas continúan utilizando la ficción para hablar con libertad sobre cuestiones de género, incluida la violencia en el hogar, la desigualdad laboral y unos dañinos cánones de belleza.

La literatura se puede utilizar perfectamente para hacer

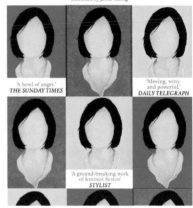

KIM JIYOUNG, BORN 1982

CHO NAM-JOO

Translated by Jamie Chang

'A bowl of anger.' THE SUNDAY TIMES

'Moving, witty and powerful.' DAILY TELEGRAPH

'A ground-breaking work of feminist fiction' STYLIST

declaraciones políticas, pero los libros que copan las listas hoy día indican un alejamiento de la política hacia el escapismo y la educación. Entre los temas populares de no ficción están la autoayuda, la formación, la economía y los viajes, un reflejo de una cultura donde el crecimiento personal es clave.

El poder de las redes sociales y la televisión también ha hecho mucho por los relatos coreanos. Véase *Pachinko* (2017), de la autora coreanoamericana Min Jin Lee. El libro, escrito primero en inglés, sigue la historia de una familia coreana que emigra a Japón. Su popularidad en Estados Unidos propició el interés en Corea. El libro se tradujo al coreano, y Apple TV+ lo adaptó al formato de una serie televisiva, con lo que aumentó sus ventas. Además del gran atractivo del K-pop y el K-drama, las historias y libros coreanos siguen ejerciendo una influencia silenciosa, provocando y entusiasmando a nuevos lectores por todo el mundo.

번역의 기술

El arte de la traducción

Traducir literatura en cualquier idioma tiene sus dificultades, pero en el caso del coreano esto se nota especialmente. Por un lado, el coreano tiene numerosos tratos de cortesía y formas de dirigirse a los demás *(p. 36)*, como *sieomeoni* (que es «suegra», pero solo como «madre del esposo»). No suena bien si lo traduces de manera literal, pero si usas un término que suene natural en el idioma de llegada, se pierde algo.

El problema se amplifica con la tardía llegada de Corea —cerrada durante siglos para el resto del mundo— al escenario de la traducción. Sus obras literarias no estuvieron disponibles en otros idiomas tanto dentro como fuera del país hasta la década de 1980. La implicación del gobierno fue de ayuda en los años 90, cuando se fundó el Instituto de Traducción Literaria de Corea. Hoy día, el ITL de Corea ofrece becas para la traducción de literatura coreana, pero aún queda mucho por hacer. La publicación en inglés de la obra de Han Kang *La vegetariana,* traducida por Deborah Smith en 2015, impulsó la novela al éxito mundial, aunque muchos académicos criticaron el trabajo de Smith por falta de literalidad. Y no solo la literatura plantea problemas de traducción. Cuando se estrenó el K-drama *El juego del calamar* en 2021, los subtítulos en inglés generaron controversia: aseguraban que la traducción «se cargaba» el sentido del original, el aspecto más importante de cualquier relato. Aun así, con una cultura coreana cada vez más conocida —véase la obra *Conejo maldito* de Bora Chung, finalista del International Booker Prize en 2022—, cabe esperar que se vaya perdiendo menos y ganando más con las traducciones.

Bora Chung, autora de *Conejo maldito*

Centrados en la moda

Mundialmente conocidos por sus preferencias en la moda, los coreanos han diversificado su armario desde los tiempos del *hanbok* tradicional, y la ropa atrevida es hoy una seña de estilo y autonomía.

La moda coreana es famosa hoy en día por su expresividad propia, aunque la idea de utilizar la ropa para transmitir individualidad es relativamente nueva. Desde la irrupción de la moda occidental en el siglo XX, las tendencias han evolucionado a toda velocidad como reflejo de las perspectivas globales de un país que está en la vanguardia de la innovación moderna. Aun así, las líneas simples y los colores apagados de antaño continúan siendo una expresión fundamental del patrimonio coreano.

Unos orígenes modestos

La vestimenta tradicional se definía por la elegante uniformidad del *hanbok*, un término que significa, literalmente, «ropa coreana», pero que se refiere de manera específica al atuendo que se vestía desde la época de los Tres Reinos (57 a. C.–668 d. C.) en adelante. Aunque hubo variaciones, los primeros *hanbok*

Muestra de estilo urbano durante la Semana de la Moda de Seúl, 2022

Derecha Modelos en
la Semana de la
Moda de Seúl, 2022

Izquierda El atuendo
del *hanbok* blanco
tradicional

consistían en un *jeogori* (una prenda superior atada con un cordón), un *chima* (falda) y un *baji* (pantalón). Los coreanos con más recursos vestían *hanbok* bordados y hechos de una tela llamada «ramio», pero la mayoría se apañaba con simple algodón blanco. Incluso cuando los colonos japoneses interpretaron que ese color era un símbolo de resistencia, los coreanos siguieron vistiendo el *hanbok* blanco en señal de protesta por la ocupación (muchos se llamaban a sí mismos *baegui minjok*, la «gente que viste de blanco»).

Cuando Corea empezó a mirar más allá de sus fronteras en la segunda mitad del siglo XX y se impusieron los estilos occidentales, surgió la preocupación de que el *hanbok* cayese en el olvido. Para impedirlo, en 1996, el gobierno designó el 21 de octubre como el Día Nacional del Hanbok. Desde entonces han surgido *hanbok* con faldas más cortas y estampados modernos de diseñadores como Lee Young-hee, y los más tradicionales se siguen vistiendo en bodas y otras celebraciones.

La evolución del estilo

Las prendas sencillas siguieron dominando tras la Segunda Guerra Mundial, cuando el esfuerzo en la recuperación económica tendió a considerar lo llamativo como un gasto innecesario. Sin embargo, el aumento del PIB y de la exposición a las nuevas modas globales a través de la televisión en color amplió las sensibilidades estilísticas en los años 80. Los Juegos de Seúl del 88 trajeron consigo una proliferación del turismo y el país vio llegar distintos estilos del mundo entero. Los artículos de diseño que lucían los famosos se convirtieron en una aspiración, y la colorida ropa deportiva de marcas como Nike inundó Corea. Los jóvenes comenzaban a rebelarse contra la filosofía de ahorro de sus padres y a adornar los uniformes obligatorios con los últimos modelos de mochilas o de zapatillas de deporte.

En la década de 1990 se produjo el estallido de un estilo urbano lleno de color. Gangnam, en Seúl, se convirtió en el epicentro con la llamada «tribu naranja» *(Orenji-jok)* —un grupo de estudiantes adinerados influidos por las marcas extranjeras y la proliferación de la cultura pop— y la promoción de estilos de lujo procedentes de Japón y Estados Unidos.

Hoy día, la Semana de la Moda de Seúl se ha convertido en uno de los eventos más esperados de Asia, con diseñadores de vanguardia y sus propuestas de una síntesis de diseños globales y tradicionales. En una sociedad que se ha modernizado tan rápido, incluso al observador más atento le podría costar seguir el hilo de la mareante evolución de la moda coreana.

Diseñadores esenciales

Los innovadores más creativos de la moda coreana están reformulando los estilos globales y siguen abriendo camino con sus nuevos diseños.

André Kim

El primer diseñador coreano, especializado en trajes de noche, también diseñó los uniformes para los Juegos Olímpicos de 1988.

Jin Teok

Lanzó la marca Francoise de ropa femenina en 1965 y fundó la Asociación de Artistas de la Moda de Seúl en 1990.

Woo Youngmi

Una de las diseñadoras coreanas con mayor reconocimiento internacional, la primera aceptada en la Asociación de la Moda Francesa.

Steve Jung and Yoni Pai

Esta pareja lanzó en 2015 su marca de ropa urbana contemporánea SJYP, centrada en la innovación en las prendas vaqueras.

Talchum (baile de máscaras) en la ciudad de Andong

Las artes escénicas

Corea lleva la interpretación en la sangre. Antes de la palabra escrita, el teatro y la ópera eran un medio de expresión y de intercambio de historias, una capacidad que aún hoy se conserva.

Mientras todos en Corea parecen emocionados con lo último, el mundo de las artes escénicas se ha estado asegurando sin hacer ruido de mantener vivas unas historias y tradiciones ancestrales. Desde los tragicómicos bailes de máscaras hasta los apasionados *pansori* (narraciones líricas), las artes escénicas son absolutamente cautivadoras.

Tras la máscara

El teatro coreano hunde sus raíces en el *talchum,* un baile de máscaras donde los intérpretes narran historias con sus movimientos, no con palabras. Se centra en la danza, el canto, la mímica y las acrobacias que hacen avanzar la narración, acompañados de un espléndido vestuario. Esta forma surgió como un ritual chamánico que se creía que alejaba a los malos espíritus y la mala fortuna, pero al evolucionar la civilización, también lo hizo el *talchum.* Durante el periodo joseonita, las máscaras se veían menos como objetos sagrados y más como una forma de expresión y de entretenimiento. Los *namsadang* —*troupes* itinerantes de hombres de la clase más baja— recorrían los pueblos e interpretaban sus dramas de máscaras al aire libre para las clases trabajadoras, sobre todo durante las celebraciones y fiestas nacionales.

Más allá del vestuario espectacular y de los bailes pegadizos, el *talchum*

era entretenido para el gran público porque se reía de las clases altas sin sufrir las consecuencias gracias a la comedia y a la seguridad de las máscaras. Aunque cada obra cambia en función del lugar y del actor, todas tienen en común estas claves: las groserías, las bromas y la ridiculización. Los distintos personajes —incluidos dioses, chamanes, nobles corruptos y animales— llevan unas máscaras exageradas, hacen comentarios políticos y usan el humor para reírse de cosas muy serias. Entre sus víctimas habituales están los maridos machistas y los monjes que reniegan de su fe. Una de las más populares es la de un monje que se siente tentado por una joven y se olvida de sus deberes; al final se gana una reprimenda del amante de ella, que critica su bajeza y lo echa de allí.

창극
Changgeuk

Una ópera coreana tradicional interpretada como una obra de teatro con un reparto extenso, en contraste con el *pansori*.

Tendencias operísticas

Si el *talchum* suele ser cómico, el *pansori* es más dramático: parecido a la ópera occidental e interpretado por un cantante solista (que suele ser una mujer) y un tamborilero (que suele ser un hombre), resalta la belleza de la lengua coreana con unas técnicas de voz y unas letras impresionantes.

Se cree que data del siglo XVII, en la era joseonita, cuando probablemente lo interpretaban chamanes y artistas callejeros para las clases bajas. A mediados del siglo XVIII, las clases

altas y la familia real comenzaron a aceptarlo y a raíz de eso se hizo más elitista. Aunque quedó restringido como una forma de entretenimiento para la corte, el *pansori* no tenía ningún problema en contar la historia de la lucha de la clase trabajadora y hacer oír voces que de otro modo jamás habrían llegado a oídos de los nobles.

Hay cinco *pansori* que todavía hoy se representan con frecuencia: *Chunhyangga, Simcheongga, Heungbuga, Sugungga* y *Jeokbyeokga*. Entre ellos, el más memorable es el

Chunhyangga, la sentida historia de dos amantes. Se trata de un relato que ha sobrevivido a través de los siglos, reformulado e imaginado de manera sorprendente por muchas compañías; la compañía coreana del Universal Ballet representa *El amor de Chunhyang* desde 2007.

Resistir, una proeza

El hecho de que el *pansori* y el *talchum* hayan durado tanto dice mucho de las historias que cuentan. Ambas formas artísticas están incluidas en el listado del Patrimonio Cultural Inmaterial de la Unesco y sobreviven gracias a nuevas historias, ya sea como una nueva forma de *pansori* (como en el caso de los temas pop de la banda de fusión Leenalchi) o con una nueva escena teatral de vanguardia. En esencia, el *pansori* y el *talchum* se crearon para entretener, algo que sin duda garantiza su popularidad durante siglos.

Izquierda Una figura vestida de león durante la representación de un *talchum*

Arriba Pansori en Jeonju

Cuentos *pansori* populares

Chunhyangga

Esta historia de amor entre Chunhyang, la hija de una *gisaeng* (una comediante), y Mong-ryong, el hijo de un noble se considera a menudo el mejor *pansori*.

Simcheongga

Una tragedia *pansori*: la historia de la lucha de una mujer por ayudar a su padre ciego a recobrar la vista.

Heungbuga

Un cuento cómico popular sobre los rifirrafes entre un hermano bueno y otro malvado.

Sugungga

Una sátira manifiesta sobre la relación entre monarca y súbdito por medio de la personificación de una liebre en un reino marino.

Jeokbyeokga

Una adaptación de la épica leyenda histórica de la batalla china de los Acantilados Rojos (208-209 d. C.). Se dice que este *pansori* es el más difícil de cantar.

COREA ES
ENTRETENIMIENTO PARA EL MUNDO

BTS, *Parásitos, El juego del calamar*: estos nombres son responsables de haber enganchado al mundo a la cultura coreana. Pero ¿cómo ha conseguido Corea del Sur, un país que se formó hace menos de un siglo con una división de la península, convertirse en una moda mundial? No hay una respuesta fácil, aunque el gobierno de Corea encontró el modo de comercializar su cultura cuando buscaba un «poder blando» en los años 90. Desde entonces, Corea ha ido aumentando su influencia más allá de sus fronteras entreteniendo a los fans de todo el mundo con todo lo «K». Esto ha dado buenos frutos (y buenos ingresos, porque el K-pop es una industria multimillonaria). Ha supuesto una transformación impresionante, con fans entregados al K-pop y al K-drama, mientras actores y directores triunfaban en las ceremonias de entrega de premios, y no es más que el principio de lo que puede lograr Corea.

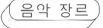

음악 장르

Estilos musicales

Más allá del K-pop que acapara titulares, hay un rico repertorio de temas folclóricos populares, potentes baladas y clásicos del rock independiente perfectos para formar una *playlist*.

Ya sea con el suave trino de un cantante de trot o con un *riff* conmovedor de un guitarrista de rock, los músicos coreanos inspiran y entretienen a partes iguales. El panorama musical del país lo forman diversos estilos, desde lo más tradicional hasta la experimentación más desenfadada.

La senda de la tradición

El canon musical coreano se inicia con la música tradicional *gugak*, que suele incluir lo popular y lo cortesano. Siempre ha habido música, desde los tiempos prehistóricos, pero el término *gugak* no surgió hasta la era

joseonita para marcar el periodo en que Corea echaba el resto por la música por vez primera. La creación de un sistema de escritura musical propio para Corea en 1447 sirvió de ayuda: la música era más fácil de componer que nunca, y se convirtió rápidamente en una de las formas de entretenimiento preferidas de la corte. De los diversos géneros de la *gugak*, la *jeongak* (música clásica con un conjunto tradicional de instrumentos de viento, cuerda y percusión) y el *pansori* (narración lírica) eran de largo los más comunes.

Seis siglos después, la *gugak* sigue teniendo su sitio, aunque ha pasado por ciertas reinvenciones. En la última década, una nueva generación de artistas que fusionan la *gugak* con el pop como sEODo y Agust D han reavivado el interés por esta forma de arte, sobre todo entre los jóvenes. Los productores de televisión han potenciado este *revival* con el popular concurso *Poongryu: batalla de vocalistas* que se emitió en 2021.

Abajo Tocando la flauta de bambú, *daegeum*

Derecha Miembro de la banda sEODo, que combina el pop con la música del periodo joseonita

Arirang

Considerada como el himno extraoficial del país, esta canción popular lleva sonando más de seis siglos por las dos Coreas. Transmitida de memoria de generación en generación, se cree que tiene más de 3.600 variaciones. Se convirtió en un himno de la resistencia durante la ocupación japonesa, y también se canta para expresar el dolor y la esperanza por un país dividido. Hoy día figura en la lista del Patrimonio Cultural Inmaterial de la Humanidad de la Unesco.

El trot resiste

La forma original del pop coreano no es el K-pop *(p. 166)*, sino el trot, un derivado del foxtrot que se desarrolló durante la ocupación japonesa y que recibió la influencia de los estilos musicales norteamericanos, europeos y japoneses con el paso de las décadas. También se conoce por el término onomatopéyico *ppongjjak*, por su sencillo ritmo de dos golpes, y tiene una melodía simple que uno puede seguir y cantar con facilidad. Tradicionalmente se centra en el amor, la pérdida y la separación, tal vez entre los amantes o entre el Norte y el Sur, pero pese a su carga emocional, las canciones trot también pueden ser divertidas y alegres con unas letras bien ligeras.

Aunque fue el género más popular de Corea desde la década de 1960 hasta comienzos de los 80, el trot perdió fuelle en los años 90. Sus letras melancólicas y su típico estilo *kkeokk-ki* de canto —el cantante fuerza la voz— se vieron desplazadas por el nuevo y brillante género del K-pop. Pero había otro motivo: el trot despertaba rechazo por sus raíces en la música japonesa *enka*, un doloroso recordatorio de la ocupación.

A pesar de sus altibajos, el trot ha logrado conservar su popularidad a lo largo de las décadas. Hoy la mantiene al día una nueva hornada de artistas y los omnipresentes programas concurso de la tele, en este caso *Miss Trot* y *Mr. Trot*.

La fuerza de una balada

Tal vez el público decida lo que es popular, pero también lo hace el gobierno. Durante los años 80, las normas de la censura prohibían cualquier tipo de contenido provocativo, así que, además de la música trot, los programas musicales se limitaban fundamentalmente a emitir baladas empalagosas con letras de amores apasionados.

Las baladas potentes y las canciones de amor muy sentidas siguen siendo uno de los géneros más duraderos del país. Son la banda sonora de los K-dramas románticos, ya sea *Goblin* (2016) o *Tae-yang-eui hoo-ye* (*Descendientes del sol*, 2016) y llenan los *noraebang* (karaokes) por todo el país. Los compositores de baladas tienen una especial destreza a la hora de llevarte en un recorrido emocional por medio de unas melodías expresivas y una sensibilidad lírica. Los mejores vocalistas dominan las interpretaciones conmovedoras entre unos delicados tonos agudos y crescendos muy dramáticos, son capaces de arrancar las lágrimas a unos oyentes embelesados y de ofrecerles una catarsis final.

La cuna del indie

Por cada baladista o cada estrella del pop más facilón, hay una alternativa indie a la espera. En los años 90, mientras los ídolos del K-pop ensayaban para entrar en las listas más convencionales, una comunidad

punk underground se estaba formando en Hongdae, la cuna creativa de Seúl. Era una contracultura ideal para quienes buscaban lo contrario de aquellos temas de un pop comercial y ultraprocesado y de unas estrellas pulidas hasta la perfección, y no era solo punk rock: el rap, el folk y el grunge también participaron de la escena indie.

Hoy, en la categoría del K-indie cabe todo, de lo acústico al lo-fi lounge, del rock al folk, y, aunque la música indie suela llegar a un público muy característico por definición, cada vez más artistas coreanos han logrado el éxito más convencional. El EP 22 del grupo indie Hyukoh entró en el Top 10 de la lista Billboard World Albums Chart en 2015, y la canción de 2012 «Cherry Blossom Ending» de Busker Busker (que reaparece en las

listas cada primavera) fue nombrado en 2021 mayor éxito de ventas de *singles* en la historia de Corea. Aun así, la fama no pone en peligro la integridad del panorama indie coreano, que se centra en los artistas, y su éxito se considera algo más natural que artificial.

Siente la música

Últimamente, la música coreana no es solo una forma de entretenimiento, sino de contar historias: de dolor y añoranza, de rabia contra el sistema o de reconocimiento de ricas tradiciones. Ya sea creando versiones modernas de la *gugak*, el trot o las baladas, con bandas sonoras de música alternativa o lanzando el K-pop a las listas mundiales, los músicos de Corea vienen con fuerza y hay que tenerlos en cuenta.

Izquierda Actuación en Seúl del grupo indie Busker Busker

Derecha Lee Sun-hee, una de las baladistas más conocidas de Corea

Leyendas musicales

Lee Mi-ja

Considerada una de las cantantes de trot más influyentes de la historia de Corea, Lee publicó 560 discos durante sus 60 años de carrera, que inició en 1959.

Shin Jung-hyeon

Guitarrista y cantautor, suele recibir el apodo de «padrino del rock»: formó el primer grupo de rock de Corea en 1962.

Cho Yong-pil

Muchos lo llaman *Gawang*, «rey de la canción». Aunque debutó en un grupo de rock en 1968, su carrera como solista ha tenido un gran impacto en el panorama pop.

Lee Sun-hee

Descrita como la «diva nacional» de Corea, Lee saltó a la fama tras ganar un concurso televisivo en 1984. Tiene a sus espaldas una carrera de 30 años como baladista.

Shin Seung-hun

Conocido como «el rey de las baladas», Shin debutó en la década de 1990 y fue el primer artista coreano que vendió un millón de discos en el país.

El epicentro del K-pop

Todo un fenómeno mundial, el K-pop ha llegado a todos los continentes y batido innumerables récords.

BTS en los premios American Music Awards de 2021

Melodías adictivas y de buena factura, coreografías sincronizadas y afinadas a la perfección y pasiones desbordadas por grupos como BTS o BLACKPINK. Esto no es música pop sin más. Esto es K-pop.

Más que un género

¿En qué se diferencia exactamente el K-pop del resto del pop? Ambos se centran en sonidos facilones, cantantes atractivos y pasos de baile animados, pero el K-pop mete una marcha más. Es una música que no solo se escucha, sino que entra por los ojos. Cada canción trae consigo una compleja coreografía, un vestuario llamativo que marca tendencia de inmediato y unos inmensos escenarios que convierten cada vídeo musical en una película. La creación de las canciones también es muy cuidada: una hábil fusión de hip-hop, R'n'B,

rock, rap y EDM, además de diferentes idiomas. Los fans no pestañean cuando una canción pasa del coreano al inglés en cuestión de segundos.

Quizá lo más importante es que el K-pop gira en torno a los intérpretes que hay detrás de cada canción, hasta el punto de que el K-pop no se llama así en la propia Corea, sino «idol groups» (grupos de ídolos). Dedican años a crear estrellas con un proceso muy específico de caza de posibles talentos a los que se forma y se integra en unas bandas impecables. ¿Qué hace falta para llegar a lo más alto? En palabras de la icónica canción de BTS, algo de sangre, sudor y lágrimas.

Los orígenes de una sensación

Con la entrada de un gobierno democrático en 1987, se produjo un cambio radical en la música coreana. Como la radiofusión dejó de estar bajo

애교
Aegyo

Los ídolos a menudo adoptan el *aegyo*, una emotiva muestra de afecto, como usar una voz tierna o hacer un símbolo de corazón con las manos, para sus fans.

el intenso control estatal, la música de estilo occidental pudo llegar a Corea y allanó el camino para que el grupo de hip-hop Seo Taiji and Boys interpretara un tema de rap rock en un *talent show* televisivo en 1992. Aquella canción de estilo americano, con su mezcla de coreano e inglés y su enérgica coreografía, era algo nuevo y emocionante, pero no consiguió llamar la atención de los jueces. Aun así, cautivó a todo un país: el grupo subió a lo más alto en las listas, su estilo inspirado en la ropa de esquí tomó las

calles, y sus icónicos pasos de baile se imitaron hasta la saciedad. La trayectoria de la música en Corea cambió de manera irrevocable, y nació el K-pop.

Crear una estrella

Tal vez alguien considerara que las canciones de Seo Taiji and Boys (que aireaban frustraciones políticas por medio de letras atrevidas) eran perjudiciales, pero seguían atrapando la atención del público y de la industria musical. Cuando la banda se retiró en 1996, Corea era el undécimo país más rico del mundo, y los peces gordos de la música estaban listos para catapultar el sonido —y la economía— al siguiente nivel.

El productor discográfico Lee Soo-man, que había trabajado con artistas estadounidenses en la edad de oro de la MTV, fue uno de los primeros del sector al encabezar un nuevo estudio, SM Entertainment, en 1996. Su objetivo era sacar estrellas como churros, artistas capaces de irrumpir en el panorama musical coreano y más allá de él. Soo-man no fue el único que vio el potencial de este nuevo producto tan exportable globalmente: la inversión pública en cultura tras la crisis financiera asiática de 1997 hizo tanto por el K-pop como Seo Taiji and Boys allá por 1992.

Una imagen nueva

A finales de los años 90, tres grandes estudios musicales —SM, JYP Entertainment e YG Entertainment— idearon un plan de formación para la futuras estrellas del K-pop. El plan consistía en cantar, bailar y, sobre todo,

Actuación de BLACKPINK en el Coachella Festival de California en 2019

Grandes momentos del K-pop

Desde los singles que copan las listas hasta sus icónicos vídeos, el recorrido del K-pop para convertirse en fenómeno global es impresionante.

1992
Seo Taiji and Boys interpretan «I Know» en un *talent show*: permanece 17 semanas en el número uno en Corea.

1996
Debuta H.O.T., el primer «idol group», y se convierte en el primer grupo de pop que vende un millón de discos en Corea.

2008
Wonder Girls se convierte en el primer artista coreano que entra en el Top 100 del US Billboard con el tema «Nobody», en el número 76.

2007
Rain es el primer ídolo que actúa en el famoso Tokyo Dome japonés… y se agotaron las entradas.

2011
Girls' Generation se convierte en el primer grupo de K-pop que firma con un sello estadounidense, Interscope Records.

2012
Se hace viral «Gangnam Style», de PSY, cuyo vídeo se convierte en el primero en alcanzar los 1.000 millones de reproducciones en YouTube.

2020
BTS se hace con su primera nominación para los Grammy en la categoría de «Mejor actuación pop de un grupo o dúo».

2018
Lanzamiento de la canción «Neverland», de Holland, primer ídolo abiertamente gay, que habla de una relación homosexual.

2017
BTS se convierte en el primer grupo coreano que obtiene un premio Billboard Music Award y actúa en los American Music Awards.

establecer vínculos con los futuros fans. Hasta hoy, cientos de jóvenes con talento han asistido a audiciones celebradas por estas compañías con el objetivo de que los eligieran para formar un grupo puntero en las listas.

Sobre el papel, los alumnos pueden tener todos los ingredientes para convertirse en estrellas (una buena voz, capacidad para el baile, el «aspecto» apropiado), pero si pretenden formar parte de un grupo de éxito deben tener hueco dentro de la banda y buena química con los demás miembros. Cuando se da con este equilibrio tan complejo y se forma un grupo (un proceso que puede durar años), se le pone un nombre, se publican unas fotos y unos vídeos y se presenta ante un público en una exhibición. Si todo va bien, se suben vídeos y canciones a YouTube, se forma un núcleo de fans y comienzan las giras, todo en cuestión de semanas.

Estructura del grupo

Los grupos tienen mucho más éxito que los solistas, en parte porque a los fans les encanta ver cómo se forman y crecen las relaciones entre sus miembros. Aun así, cada uno ha de tener su propia imagen y su propio lugar. Entre los puestos dentro del grupo están el rapero, el vocalista principal, el segundo vocalista, el bailarín, el *mangnae* (el más joven) o «la imagen del grupo» (la estrella destacada que ejerce de líder).

Y eso no es todo. Tras el debut, se traza al detalle una agenda de compromisos y de presentación ante los medios para el grupo, que puede tomarse sus descansos cuando el calendario de la banda da un respiro y los miembros se dedican a sus proyectos en solitario o desaparecen sin más de la vida pública para generar expectación de cara a su posible retorno como grupo.

Y no decae

Puede decirse que los productores discográficos como Lee Soo-man (y el gobierno coreano) lograron lo que pretendían: hoy, el K-pop tiene un gran peso tanto dentro como fuera de Corea. Seo Taiji and Boys lo popularizaron en el país, y ya ha tenido su estallido en los mercados occidentales, primero con los conciertos en Europa y Estados Unidos a comienzos de la década del 2000 (televisados en Corea como prueba de que el K-pop era su mayor exportación) y después con las redes sociales.

En 2012, en todo el mundo, se reproducía de forma obsesiva el vídeo «Gangnam Style» de PSY, que fue el primero en alcanzar los 1.000 millones de reproducciones. A partir de ahí, la influencia del K-pop no dejó de crecer. La *boy band* BTS se convirtió en el primer grupo coreano que llegó al número 1 de la lista Billboard 100, y BLACKPINK fue el primer grupo de K-pop que actuó en el famoso festival norteamericano Coachella. Hoy en día, alcanzar los 100 millones de reproducciones con un vídeo musical es lo normal.

Arriba La *girl band* Secret Number en un nuevo lanzamiento

Derecha El set de rodaje de Idol School, un *reality* televisivo de 11 semanas

¿Hacia dónde va ahora el K-pop? Está claro que la música traspasa las barreras culturales y del idioma, pero su éxito también ha puesto de relieve ciertas críticas que vienen de lejos, en particular una supuesta falta de libertad artística, unos ensayos agotadores, contratos muy largos, estrictos ideales de belleza y la presión para que los ídolos se mantengan intachables. Algunas críticas han tenido respuesta con reformas, como la dedicación a las iniciativas de salud mental por parte de JYP Entertainment e incluso el auge de bandas virtuales como el grupo de chicas Eternity, pero aún queda margen de mejora.

K-팝 팬덤

Los fans del K-pop

Cánticos ensordecedores, carmín resplandeciente, gestos en forma de corazón lanzados al aire, los fans de los grupos de pop no son nada nuevo, pero en lo que al K-pop se refiere, el lema extraoficial es «por los fans». Vestir todas sus prendas promocionales, comprar sus canciones en diversas plataformas para ayudar a alterar las listas de éxitos e incluso comprar espacios publicitarios para celebrar el aniversario de un grupo o un nuevo lanzamiento son algunas de las maneras habituales de mostrar aprecio por un ídolo. Al fin y al cabo, los fans son fundamentales en el éxito y la trayectoria de una estrella.

Es más, los ídolos del K-pop se forman específicamente para establecer una conexión con sus fans, tratarlos como si fuesen parte de la familia y dejarles claro su gratitud. Las relaciones nunca van en un solo sentido: si un fan muestra un corazón con los dedos, la estrella le hace otro enseguida como gesto de afecto.

El rasgo más característico de la cultura fan quizá sean los *hommas:* «homepage masters» o administradores de webs de fans que desempeñan un papel activo en la promoción de los ídolos. Pero no son unos fans cualquiera, tienen su «sesgo», un término utilizado para señalar a su miembro preferido del grupo, ya sea porque admiran su talento o porque les parece atractivo. Asisten a todos los eventos o conciertos para hacer fotos profesionales de ese miembro del grupo y luego las comparten en internet con sus seguidores, tanto para extender la pasión que sienten por su ídolo como para mostrar al mundo su arte. Con *homma* o sin ellos, son los fans los que se encargan de que el K-pop siga siendo una industria multimillonaria, de corazoncito en corazoncito.

Fans iluminando con sus móviles en un concierto de PSY en Seúl

Los miembros
del grupo Gorilla
Crew bailan
breakdance en la
azotea de su estudio

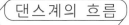

댄스계의 흐름

Pasos de baile

La danza está presente en todos los aspectos del entretenimiento, pero no es un simple accesorio de otros medios, sino un increíble espectáculo por derecho propio.

La danza coreana lleva cautivando al público desde los tiempos de los primeros reinos, cuando los más populares eran los bailes cortesanos, folclóricos y rituales. Los bailes cortesanos consisten en levantar ligeramente los pies; los rituales chamánicos, en movimientos fluidos de los brazos; y los estilos folclóricos buscan formas elegantes. Aunque todos los estilos siguen siendo populares, distan muchísimo de las modas actuales.

Un ritmo nuevo

Cuando las influencias globales comenzaron a entrar en el país a finales del siglo XX, el panorama de la danza no fue una excepción. Entre finales de los 80 y los años 90, los soldados estadounidenses introdujeron el breakdance y los «B-boys», un formato que desde entonces ha alcanzado nuevas cotas en Corea. El grupo Jinjo Crew, formado en 2001, fue el primero que ganó los cinco grandes concursos internacionales de B-boys antes de finales de 2012; se suele considerar a Laser, miembro de Gambler Crew, como el mejor en los giros sobre la cabeza, y por todas partes hay concursos patrocinados por el gobierno. Cuando el breakdance haga su debut en los Juegos Olímpicos de 2024, se espera que Corea barra en el medallero.

Mientras el breakdance tomaba las calles en el cambio de siglo, las estrellas estaban aprendiendo unos pasos complejos para cada tema de K-pop. Es posible que los coreógrafos sean la columna vertebral de la industria del K-pop, los responsables de convertir las actuaciones en números teatrales y los vídeos musicales en cortometrajes de cine: ha pasado una década, y los fans no se imaginan el «Gangnam Style» de PSY sin imitar los icónicos pasos del videoclip, como si estuviera montando a caballo.

Las décadas de 2010 y 2020 han sido testigos de la entrada del baile también en la industria televisiva. Hay escenas cómicas de baile en algunos episodios memorables de los K-dramas, y cada vez hay más programas de variedades con bailes, algunos de los cuales, como *Street Woman Fighter*, lanzan a los bailarines al estrellato. El baile podría ser, perfectamente, el nuevo K-pop.

Estilos de baile

Folclórico

El *salpuri* es uno de los bailes folclóricos más conocidos de la era joseonita. Los bailarines lanzan al aire un pañuelo blanco para expulsar a los espíritus malignos (*sal* significa «energía negativa» y *puri* «liberar»).

Bailes de máscaras

El *cheoyongmu* es el ejemplo perfecto del baile de máscaras de la era de Silla *(p. 156)*. Consiste en cinco bailarines cuyos movimientos representan personajes simbólicos.

Nueva danza

Una forma de baile que integra estilos coreanos, asiáticos y occidentales. Uno de sus precursores fue la bailarina Choi Seung-hee.

Breakdance

Bajo la influencia de los grupos de hip-hop del Bronx en Nueva York, los B-boys y las B-girls interpretan unos imaginativos pasos con los que desafían las leyes de la gravedad.

Versiones del K-pop

En este movimiento global, los fans graban sus propios vídeos en los que replican los pasos de baile de las canciones del K-pop.

(TV 방송 분야)

El paisaje televisivo

Pese a la proliferación de tabletas, portátiles y móviles para ver YouTube y vídeos virales, la televisión sigue teniendo su impacto en los hogares coreanos.

La industria televisiva coreana ha avanzado mucho desde los tiempos en que la controlaban los gobiernos militares, entre los años 60 y finales de los 80. La primera cadena nacional, la KBS (Korean Broadcasting System), se lanzó en 1961, cuando apenas había 300 televisores en el país. Con la relajación de los controles estatales en la década de 1990, el cambio a la democracia trajo consigo las inversiones gubernamentales en los negocios televisivos y de electrónica.

Samsung fabricaba televisores desde finales de los 70, y a mediados de los 90 ya habían fabricado más de 20 millones de televisores en color. En 1995, casi todos los hogares coreanos tenían televisión: un público atento y a la espera de la industria televisiva.

Durante un tiempo, las cadenas nacionales dominaron el panorama televisivo: la KBS, la MBC (Munhwa Broadcasting Corporation) y la SBS (Seoul Broadcasting System) eran responsables de la mayor parte del contenido que se emitía y que solían ser noticias, deportes o variedades. Las grandes cadenas por cable como JTBC, tvN y Mnet ampliaron el abanico de opciones desde finales de los 90 y durante la década del 2000, y un mayor acceso a los canales por satélite desde el comienzo del siglo XXI despertó el interés por los programas estadounidenses. Algunas

Arriba Una fábrica de
productos electrónicos
Samsung cerca de
Seúl, 1985

Izquierda Tras las
cámaras en la
retransmisión de un
programa televisivo
durante los Juegos de
Seúl, 1988

series familiares como *La casa de la
pradera* y *MacGyver* se emitieron en
los años 70 y 80 respectivamente, y el
nuevo milenio trajo otras como *Sexo
en Nueva York*, mucho más explícitas
para unas costumbres conservadoras
como las coreanas.

Más allá de la tele

Como es inevitable, los hábitos de consumo han evolucionado con el auge de
la tecnología. Gran parte de la población coreana, muy conectada, ve programas en sus dispositivos móviles en
ratos más o menos cortos en función
de sus horarios disponibles. No hay ya
mucha necesidad de comprar una tele:
la mayoría ve los programas por internet en servicios de pago por suscrip-
ción como Wavve. Aun así, este cambio
en el modo de consumo no ha hecho
retroceder el negocio televisivo: alrededor del 96 % de los hogares corea-

nos tenía una tele en 2021. Los gigantes
de la electrónica como Samsung y LG
siguen dominando las ventas de televisores en Corea, y continúa el desarrollo
de la tecnología de estos aparatos.

Hoy día, las plataformas de *streaming*
y los estudios independientes más
pequeños lideran la televisión terrestre,
hasta el punto de que son conocidos
como OTT (*over-the-top* o servicios «de
transmisión libre»). Se calcula que un
tercio de la población utiliza gigantes
extranjeros del *streaming* como Netflix,
mientras que un cuarto se suscribe a
servicios OTT nacionales. La popularidad de estas plataformas surge tal vez
de su exclusividad, con varios K-dramas
que solo están disponibles en Netflix
y similares. Así, es probable que
lleguen otros tipos de programación
en exclusiva para satisfacer la
creciente preferencia por los servicios
de *streaming*.

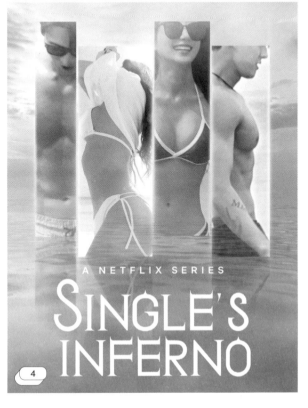

1 Estrellas del programa de
variedades *Running Man*

2 El documental de Netflix
Ciberinfierno

3 El preferido de los niños,
Baby Shark

4 Infierno para solteros

QUÉ HAY EN LA TELE

Los K-dramas *(p. 180)* podrían disputar el título de género más duradero del país, pero la programación de la tele coreana es tan variada como su público, con distintos géneros que entretienen o educan.

Variedades

Los programas de variedades son increíblemente diversos en sus contenidos y quizás sean el más coreano de todos los géneros televisivos. Suelen contar con los grandes nombres del país, desde las estrellas del K-pop hasta los actores de cine, que actúan, participan en sketches o compiten en concursos para entretener al público. En estos programas en directo son imprescindibles las bromas ingeniosas y un humor desenfadado. Entre los ejemplos más populares tenemos *Running Man* (dos equipos de famosos compiten en diversos juegos) y *Men on a Mission* (unos cómicos se hacen pasar por alumnos de instituto en un aula por la que pasan los invitados famosos a charlar y participar en juegos).

Documentales

Históricamente, los documentales han sido una plataforma muy importante para reflexionar sobre el clima sociopolítico del país. Por ejemplo, los que se remontan al periodo de ocupación japonesa y los sucesivos regímenes militares de la década de 1980 destacaban la injusticia social y la necesidad de hacer algo al respecto. Las temáticas se han ampliado a relatos humanos como el galardonado con un Emmy *Mom and the Red Bean Cake* (2010), que sigue los pasos de una madre soltera con cáncer de estómago que vende pasteles de arroz. Las denuncias implacables también tienen su hueco, como *Ciberinfierno: la investigación que destapó el horror* (2022), un documental de Netflix sobre la crisis de delitos sexuales digitales que sufre el país.

Programación infantil

La industria del entretenimiento infantil en Corea ha dejado su impronta en el siglo XXI. Entre los éxitos más sensacionales está la serie animada *Baby Shark Big Show!* (2020), inspirada en la canción «Baby Shark». Aunque es una melodía conocida desde el siglo XX (no están claros sus orígenes), la canción se hizo popular en Corea en 2016 después de que Pinkfong —una compañía coreana de entretenimiento— lanzase una versión en vídeo musical en YouTube, donde se hizo viral. Aparte de esta tremenda exportación, la mayor parte de la programación para menores se emite en la red del EBS, el Sistema de Emisión Educativa, que ofrece a los más jóvenes programas educativos y de entretenimiento. Entre las series coreanas de dibujos animados más populares están *Dooly el pequeño dinosaurio* y *Pororo el pequeño pingüino*.

Realities

A principios de la década de 2010, la popularidad de programas estadounidenses como *American Idol* lanzó una serie de concursos musicales similares en Corea, desde *Superstar K* hasta *King of Mask Singer*. Los programas de parejas también han dejado huella, con *Infierno para solteros*, que se convirtió en el primer *reality* coreano en alcanzar los primeros lugares de las listas televisivas globales de Netflix en 2021. Aparte de los concursos, los coreanos destacan en los programas documentales de telerrealidad. Entre los ejemplos populares están *My Little Old Boy* y *I Live Alone*, que sigue la vida cotidiana de famosos solteros que viven solos: una respuesta al creciente fenómeno de los hogares unipersonales.

La influencia del K-drama

Las series de televisión coreanas han entrado a velocidad de vértigo en las plataformas dominantes, pero para llegar hasta ahí ha hecho falta una estrategia muy hábil, algunos factores clave y cierta voluntad política.

El tremendo éxito de *El juego del calamar* es algo casi inaudito: una serie ultraviolenta rodada en coreano, que ha arrasado en todo el mundo y se ha convertido en la más vista en la historia de Netflix. No solo ha dado a conocer al público internacional la inventiva de la televisión coreana, sino que ha puesto de manifiesto la maestría narrativa de sus guionistas y las maravillosas interpretaciones de los mejores actores del país. Pero el K-drama no empieza ni termina con *El juego del calamar*.

La creación de un género

Conocidas en Corea simplemente como «series», el K-drama se ha convertido en un término «cajón de sastre» para describir las series de televisión guionizadas. Se utiliza para todo tipo de géneros, lo mismo una comedia romántica donde se intercambian los cuerpos, que agradables historias del paso a la edad adulta o *thrillers* de zombis. Sea cual sea la temática, los mejores K-dramas mantienen al espectador pegado a la pantalla. Entre las líneas de trama habituales están los cambios al estilo Cenicienta, donde una transformación radical conduce al amor; o alguna corporación *chaebol* corrupta que cae por la venganza de sus víctimas; o enemigos acérrimos que se convierten en amantes.

Los típicos K-dramas comparten muchas características. Suelen tener una sola temporada de entre 12 y

K-dramas populares

The World of the Married

Es la adaptación coreana (2020) de la serie de la BBC *Doctor Foster* y la más vista de las series de televisión por cable en la historia de Corea.

Sky Castle

Tremendamente popular cuando se emitió en 2018, es una comedia negra sigue a unas familias adineradas de clase alta que compiten por llevar a sus hijos a la universidad.

El príncipe del café

Una comedia romántica de 2007 que convirtió a Gong Yoo en una estrella emergente y en un ídolo global.

Los chicos son mejores que las flores

Un clásico para los primeros fans del K-drama: ricos y pobres se enfrentan en un drama de instituto de 2009.

Una joya en el palacio

También conocido como *Dae Jang Geum*, este drama histórico se basa en la historia real de una joven cocinera que se convirtió en la primera mujer médico durante la era de la dinastía Joseon.

Tensiones a flor de piel en *The World of the Married*

24 episodios, y están a cargo de un único guionista; algunos de ellos tienen tanta fama y reconocimiento como los actores protagonistas.

Puede que uno de los rasgos más característicos de los K-dramas sea el uso de un formato de producción con rodaje en directo, un concepto único y particular de la televisión coreana. Al contrario que las series que tienen una preproducción completa, en las que se escribe el guion y se ruedan todos los episodios antes de empezar a emitirlos, el formato del rodaje en directo permite que el guionista introduzca cambios de última hora en los guiones y las líneas argumentales en función de las cuotas de pantalla y de la respuesta del público. Si el espectador empieza a poner pegas ante el rumbo que lleva una relación

romántica o si parece especialmente entusiasmado con un personaje secundario conforme avanza la serie, el programa se reescribe sobre la marcha. Se le concede el capricho al público, aunque al reparto le toque quedarse noches en vela para memorizar las frases nuevas.

Un atractivo creciente

El K-drama puede parecer un fenómeno relativamente nuevo, pero hace ya décadas que los dramas coreanos son un elemento básico de la industria del entretenimiento del país. En los años 80 y 90, las emisoras locales como KBS, MBC y SBS televisaban comedias románticas para todos los públicos y miniseries para toda la familia que respaldaban los valores coreanos. Cuando el gobierno empezó a invertir en el capital cultural de Corea a finales del siglo XX, los dramas televisivos ya ocupaban el primer plano. Por toda Asia creció rápidamente la demanda de producciones coreanas. Estos programas no solo costaban mucho menos que los que vendían desde Japón y Hong Kong, sino que tenían una gran calidad de producción.

La demanda alcanzó cotas impresionantes en 2003, cuando *Sonata de invierno* causó sensación tras emitirse en la televisión japonesa. Muchos expertos citan este drama romántico como el programa que inició oficialmente el fenómeno del *hallyu*. Convirtió en una gran estrella internacional a su protagonista masculino, Bae Yong-hoon (el primer ministro japonés de la época bromeó con que el actor era más popular que

él), y su lugar de rodaje, la isla Namisum, en un nuevo destino turístico. A comienzos de la década del 2000, las audiencias de los K-dramas habían aumentado fuera de Asia, en lugares como Latinoamérica y Oriente Medio: la ausencia de escenas violentas, consumo de alcohol y sexo —además del énfasis en los valores familiares— les abrieron las puertas de muchos países conservadores.

Después de casi dos décadas de contar con un nicho específico de seguidores, el K-drama —junto con el auge del K-pop y del cine coreano— comenzó a penetrar en los mercados convencionales de Occidente con la llegada de nuevos servicios de *streaming*. A finales de la década del 2000 y comienzos de la de 2010, plataformas como Viki (ahora Rakuten Viki) y DramaFever (ya desaparecida) emitían K-dramas para un público global en decenas de idiomas. Además del añadido de los subtítulos y el doblaje, estas redes propulsarían enormemente el atractivo del K-drama para el gran público.

Un público nuevo

Los gigantes del *streaming* como Netflix, Apple TV+ y Disney+ no tardaron en reconocer la demanda global de contenidos «K». En 2019 se produjo un gran avance en el entretenimiento coreano, cuando Netflix produjo su primer K-drama original, *Kingdom,* un *thriller* histórico y sobrenatural con un gran presupuesto detrás: una serie nueva escrita y producida pensando en el público internacional. En 2021, el gigante del *streaming* ha alcanzado nuevas cotas con el éxito de *El juego del calamar*, la serie más vista de la historia de la plataforma. Esta historia de un juego mortal de supervivencia atrajo a una cantidad récord de espectadores hacia el contenido coreano y, por el camino, consiguió varias nominaciones y premios occidentales.

La llegada de Netflix a la escena del K-drama también ha sacudido el modelo tradicional de producción. La inmensa popularidad de *El juego del calamar* ha conducido a una segunda temporada, las series completamente preproducidas ya no son la excepción,

y el modelo de rodaje en directo ha perdido fuelle. El éxito global de los K-dramas originales también ha inspirado *remakes* americanos. *The Good Doctor* es una adaptación estadounidense de la serie coreana del mismo título, y parece que están preparándose en 2022 las adaptaciones americanas de *Aterrizaje de emergencia en tu corazón* y *Hotel del Luna*. Es una vía de doble sentido, porque algunas de las series más populares de televisión por cable en Corea son *remakes* nacionales de producciones americanas o europeas, como el drama más valorado de la historia de la tele por cable en Corea, *The World of the Married*, una adaptación de la serie

de la BBC *Doctor Foster,* o *Money Heist: Korea-Joint Economic Area,* que está basada en la serie española de Netflix *La casa de papel,* o *Suits,* basada en la serie estadounidense de abogados del mismo título.

Promoción de Corea

Muy al estilo del K-pop, la popularidad del K-drama ha despertado un interés sin igual por la cultura coreana. Para los espectadores de todo el mundo, estos programas son una puerta abierta al idioma, las costumbres, la historia y la gastronomía coreanas: si un personaje está comiendo pollo frito al estilo coreano en la pantalla, seguro que los fans irán corriendo a probarlo.

Los K-dramas también han supuesto un gran impulso para el turismo. En un estudio de 2017 de la Organización de Turismo de Corea, más de la mitad de los visitantes (preguntados los chinos, japoneses, tailandeses y estadounidenses) dijeron haber viajado a Corea después de haber visto películas y series de televisión. Se calcula que uno de los grandes éxitos de 2016, *Descendientes del sol (Tae-yang-eui hoo-ye),* ha inyectado la friolera de un billón de wones en la economía coreana después de que la serie se vendiera a más de 30 países. De paso se calcula que ha atraído a unos 100.000 turistas a Corea y ha ayudado a convertir algunas de las localizaciones de la serie —como una antigua base militar estadounidense en Paju— en un nuevo destino turístico.

Entre 2015 y 2020, Netflix invirtió 700 millones de dólares en la creación de contenido coreano, y allá donde va Netflix, otros lo siguen. Disney+ y Apple TV+ han encargado producciones

Abajo Rodaje de *El juego del calamar*

Derecha Estatua de los actores de *Sonata de invierno* Bae Yong-joon y Choi Ji-woo, en la isla Namisum

originales en lengua coreana como *Snowdrop* (2021) y *Pachinko* (2022) respectivamente. Con la inversión extranjera llegan los cambios. Aunque las tramas con malentendidos cómicos siempre tendrán su sitio en el K-drama, los guionistas actuales se esfuerzan por traspasar fronteras con sus historias. Ya sea sumergiéndose en el relato de una deuda familiar o de la explotación de los trabajadores inmigrantes, el público internacional se acerca a los problemas contemporáneos que afectan a la sociedad coreana. Porque el K-drama siempre ha consistido en eso: en crear entretenimiento de primer nivel mundial a partir de tramas convincentes.

El juego del calamar

Esta serie ha recibido grandes críticas y premios por todo el mundo, pero en Corea generó reacciones encontradas. Algunos vieron temas y giros de trama predecibles, incluida la reunión de unos hermanos separados durante mucho tiempo o los enfrentamientos entre enemigos de trato cordial. Sí tuvo éxito entre los espectadores más mayores, con su nostalgia de los juegos infantiles de la vieja escuela que aparecen en la serie (aunque en esta nueva versión sean horribles).

브랜딩과 광고

Marketing y publicidad

Cuando un programa de la tele hace una pausa publicitaria, es muy posible que en la pantalla sigan apareciendo los mismos rostros. El uso de famosos como embajadores es una parte importante de la publicidad, tanto impresa como en los CF («films comerciales», como llaman los coreanos a los anuncios en vídeo). La contratación de actores e ídolos musicales para promocionar cualquier cosa, desde cosméticos hasta uniformes escolares, es una práctica que saca partido de la fuerte cultura coreana del fenómeno fan. Y la estrategia funciona: cuando Coway contrató al grupo de K-pop Girls' Generation para promocionar sus purificadores de agua en 2011, las ventas aumentaron un 400 % respecto al año anterior.

A cambio, los famosos reciben un buen sueldo, a menudo muy superior a lo que ganan vendiendo discos o con sus contratos televisivos. En 2021, unos 10,8 millones de dólares del total de 12,2 millones de las ganancias de la megaestrella Jun Ji-hyun procedían de las promociones publicitarias. Nada de esto se considera «venderse»: nadie ve que un actor que haga de gancho publicitario del pollo frito se esté rebajando, sino que consideran que se han ganado la oportunidad de sacarse un dinero promocionando productos, y los anuncios sirven como termómetro de la popularidad, una señal del éxito de un famoso en un momento dado.

Según se va extendiendo por todo el globo la cultura pop coreana, también aumentan las ganas de ver a famosos coreanos protagonizando los anuncios. Los *chaebol* utilizan el talento nacional para sus campañas internacionales, como se ve con Samsung y BLACKPINK, mientras las corporaciones internacionales sacan partido de la popularidad de las estrellas coreanas, como hizo McDonald's cuando creó un «menú BTS» en 50 países por un tiempo limitado.

Anuncio en Seúl con una estrella del K-pop

En el Festival
Internacional de Cine
de Busan, 2016

COREA ES
ENTRETENIMIENTO
PARA EL MUNDO

영화계

En el cine

En claro contraste con la música facilona y pegadiza del K-pop, la naturaleza oscura y seria del cine coreano es una de las señas de identidad de una industria cinematográfica muy apreciada en el mundo.

Durante las dos primeras décadas del siglo XXI, el cine coreano —que ahora incluye contenido original en streaming— surgió como el Hollywood asiático. Su readaptación de los géneros cinematográficos estadounidenses, sus muestras explícitas de violencia y sexo y sus comentarios políticos mordaces contribuyeron a su éxito mundial, primero en el mercado especializado del DVD, antes de hallar un público convencional.

Regulación gubernamental

El cine coreano, que en 2019 ha celebrado el centenario del estreno de su primera película, nació durante el periodo colonial japonés (1910-1945). En un principio, las películas se convirtieron en una forma de responder a la tragedia nacional con ejemplos como *Arirang* (1926), que criticaba el dominio japonés antes de que se apretara el nudo de la censura. El cine vivió una edad de oro tras la

guerra de Corea; se rodaron más de 200 películas al año entre 1968 y 1971. El colonialismo seguía muy presente en las tramas, y muchos metrajes trataban de conciliar las tragedias familiares con los traumas de la ocupación y también de la guerra y de la división posterior. Sin embargo, este periodo cinematográfico se detuvo en seco en 1972, cuando el gobierno militar de Park Chung-hee obligó a la industria a realizar solo películas que fuesen «moralmente correctas». Asfixiada su expresividad artística, el cine surcoreano empezó a asemejarse al norcoreano.

Las cosas pintaban mejor en la década de 1980, al menos de puertas para fuera. El nuevo presidente Chun Doo-hwan introdujo la política de las tres eses —*Sex, Sports & Screen* (sexo, deportes y cine)—, que fomentaba de manera activa la presencia del sexo y el erotismo en el cine. Tal vez fuese una victoria para la industria (reventaban las taquillas), pero con un

gobierno que ejercía un fuerte control sobre las temáticas políticamente sensibles, aquello daba una sensación de libertad un tanto falsa.

Aun así, el cambio estaba a punto de llegar con una ola de cineastas independientes y directores de talento con una visión más rebelde. Y el circuito del cine europeo estaba preparado para darles un merecido reconocimiento. Algunos directores como Jang Sun-woo, Im Kwon-taek y Park Kwang-su pusieron a prueba los límites de la censura, con Jang y Park creando guiones con motivaciones políticas (*Chilsu y Mansu* y *The Age of Success*, respectivamente). En una astuta jugada, remitieron sus películas al organismo censor en el periodo de los Juegos Olímpicos de Seúl de 1988, conscientes de que el mundo los estaba observando y que eso aumentaba las posibilidades de que se llegaran a estrenar… Y así fue.

El arte imita la política

La política continuó desempeñando su papel en la industria del cine. Como consecuencia de la transición a la democracia en 1987 y, más adelante, de los tiempos de la «Sunshine Policy» (1998-2007), Corea del Norte se convirtió en un tema candente para los guionistas. Bajo estas políticas, el gobierno liberal de Corea del Sur adoptó un enfoque blando hacia Corea del Norte con el fomento de la reconciliación y la comunicación, evitando activamente el uso de la fuerza e impulsando

proyectos de cooperación económica entre ambos países. La industria del cine se apresuró a incorporar esto entre sus elementos narrativos. Uno de los mayores éxitos de taquilla de esta época fue *Shiri* (1999), un *thriller* donde unos agentes surcoreanos persiguen a un asesino norcoreano mientras ambos países tratan de reconciliarse. Otra película que definía la industria fue *JSA* (2000), que se centra en la investigación de un tiroteo en la ZDM. Aunque termina con peleas y un baño de sangre, en la cinta se ve cómo soldados de ambos bandos entablan amistad. En lugar de hacer pasar a los norcoreanos por «los malos», estas películas mostraban la división como el verdadero enemigo, y fueron un éxito entre el público surcoreano, que no dejaba de hablar sobre Corea del Norte, igual que el resto del mundo.

Arriba Park So-dam y Choi Woo-sik en *Parásitos*, en 2019

Izquierda Cartel de la película *The Admiral: Roaring Currents*

Unos géneros apasionantes

Aparte de Corea del Norte y de abordar las complejidades de la política, los temas que han traído un gran éxito cinematográfico son los dramas históricos *(sageuk)* y los comentarios sobre los problemas sociales y económicos contemporáneos. Si los típicos temas de Hollywood son los extraterrestres, los superhéroes y el salvaje Oeste, la iconografía del cine coreano es el pasado premoderno con su mejor representación en el género *sageuk*. Aunque no es muy conocida en Occidente, la película de mayor éxito comercial en Corea es un *sageuk, The Admiral: Roaring Currents* (2014). Basada en la batalla de Myeongnyang

Estrellas de la industria

Song Kang-ho

Brillante actor que ha sido el rostro del nuevo cine coreano durante las tres últimas décadas. Ha intervenido en cuatro de las siete películas del director Bong Joon-ho, incluida *Parásitos*.

Im Kwon-taek

Conocido por representar en la gran pantalla los sentimientos tradicionales coreanos, Im es el único director cuya obra recorre la edad de oro de los 60, el nuevo cine coreano de los 80 y la era de los taquillazos en el nuevo milenio.

Hong Sang-soo

Es el más prolífico autor-director del nuevo cine coreano: ha rodado más de treinta películas desde el inicio de su carrera en 1996.

Youn Yuh-jung

El debut cinematográfico de Youn fue dando vida a la mujer fatal del *remake* de *La criada* en 1971. En 2021 ganó un Oscar de la Academia (el primero para un actor coreano) como mejor actriz de reparto.

de 1597 entre Corea y Japón, esta película ofrece al público coreano un vistazo a su glorioso pasado, que cobra vida gracias a unas impresionantes batallas navales generadas por ordenador.

Mientras las películas del género *sageuk* recurren a sucesos históricos de un tiempo remoto, muchas de las películas más populares de la última década están bien ancladas en el presente. En 2008 volvió a cambiar el gobierno de Corea del Sur, que trajo una década de dominio conservador. Esto modificó el modo en que se mostraba a Corea del Norte en la pantalla —como un país antagonista e inestable, sobre todo—, pero los cineastas continuaron haciendo películas que forzaran los límites y planteasen preguntas sobre cuestiones sensibles. De pronto, las historias sobre dificultades económicas y una humanidad en crisis dominaban las pantallas y

alcanzaban cifras récord en taquilla. Películas progresistas populares como *Masquerade* (2012) y *Estación zombie: tren a Busan* (2016) —donde un apocalipsis zombi siembra el caos entre la población— sentaron las bases para la posterior producción de la obra maestra moderna de Bong Joon-ho: con una familia de cuatro miembros que vive en un barrio marginal y lucha por salir adelante, *Parásitos* (2019) retrata las injusticias del sistema capitalista y evita con buena mano un final feliz, lo que le ha valido el reconocimiento de un Oscar de Hollywood.

Un mundo poscinematográfico

A pesar de los crecientes desafíos de la era del *streaming* y el impacto de la pandemia del covid, el cine coreano se mantiene fuerte: una prueba del talento en el corazón de la industria. Además, igual que el K-drama, puede dar gracias al gigante del *streaming* Netflix, que ha invertido 500 millones de dólares en contenido coreano solo en 2021. Los títulos coreanos de éxito, que giran en torno a temáticas serias y estéticas de una violencia visceral, son fáciles de localizar hoy en el Top 10 de Netflix. Este deseo constante de contenidos se traduce en una inversión continuada que no da señales de ralentizarse. ¿Piensas ya en la próxima temporada de galardones? No te sorprendas si vuelve a asomar el cine coreano.

Cartel de la película de zombis de 2016 *Estación zombie: tren a Busan*

El cine a través del tiempo

Los cineastas coreanos llevan décadas redefiniendo el panorama cinematográfico local y global.

1926

La película muda *Arirang*, hoy perdida, inicia un periodo de resistencia anticolonial en el cine coreano.

1961

Lanzamiento del melodrama de horror *La criada*, en la que más adelante se inspirará *Parásitos* (2019) de Bong Joon-ho.

1999

La película de acción *Shiri*, sobre unos espías norcoreanos, es quizá el primer éxito del cine coreano en Japón.

1988

Chilsu y Mansu, una película sobre dos trabajadores atrapados en una azotea, marca el paso del cine hacia el realismo político.

2000

Peppermint Candy es la primera película convencional que trata sobre el Levantamiento de Gwangju de 1980, con miles de muertos a manos del régimen militar.

2003

La escena de la pelea en el pasillo de *Oldboy*, de tres minutos de duración y rodada en una sola toma ininterrumpida, tiene una gran repercusión en todo el mundo y genera una secuela en Hollywood.

2020

Parásitos (2019) se convierte en la primera película de habla no inglesa que gana el Oscar a la mejor película.

2013

Estreno de *Snowpiercer (Rompenieves)*, película de acción y ciencia ficción realizada con un reparto de mayoría estadounidense, luego adaptada a la televisión.

2006

La película de monstruos *The Host* se convierte en el estreno de mayor éxito de todos los tiempos en Corea.

COREA ES
LA CREACIÓN DE UN FUTURO

Ppalli ppalli («date prisa») es una de las primeras expresiones en coreano que aprenden los extranjeros al llegar a este país de ritmo vertiginoso, donde la necesidad de rapidez y eficacia lo mueve todo. Esta mentalidad orientada a la consecución de objetivos es lo que ha llevado a Corea a crecer de manera exponencial —y milagrosa— en el transcurso de los últimos 30 años, de un país roto por la guerra a otro que lidera la innovación. El secreto de Corea es que se anticipa al futuro como ningún otro lugar. A muchos, un mundo de robots e inteligencia artificial les parece ciencia ficción de un futuro muy lejano, pero en Corea ya es una realidad. Si a esto le añadimos una de las conexiones a internet más rápidas del planeta, un ingenioso mundo de la cosmética y un afán por modelar el aspecto que podría llegar a tener la vida más allá de la Tierra, se puede decir que Corea está construyendo un mundo nuevo. ¿Qué pinta podría tener Corea dentro de 30 años? Cualquiera sabe.

Arriba En el metro de Seúl hay conexión wifi gratuita

Derecha El youtuber *mukbang* Kim Sung-jin

온 라 인 세 계

El universo digital

Corea es uno de los países más conectados de la tierra. La conexión a internet de alta velocidad es un orgullo nacional y ha dado pie a una cultura digital que ha transformado el día a día.

Cuesta imaginar una Corea antes de internet. El país no solo ha creado una de las conexiones más veloces a la red, sino que también ha revolucionado el modo en que la gente se conecta. En Seúl hay wifi gratis por todas partes, incluso en los vagones del metro. El uso de móviles inteligentes ya llega prácticamente al 95 % de la población —la mayoría se conecta con familiares y amigos a través de la aplicación de mensajería KakaoTalk—, y casi la mitad utiliza ya el 5G.

Conectando...

Con el lanzamiento de su primera red allá por 1982, Corea siempre ha estado al frente del universo digital, pero fue el impulso del gobierno por hacer del país una potencia en internet lo que convirtió a Corea en un líder mundial.

Durante su presidencia de 1998 a 2003, Kim Dae-jung y su gobierno llevaron a cabo políticas para reforzar la industria tecnológica y lograr que Corea sacase el mayor partido de sus ordenadores. Las ciudades densamente pobladas del país, unidas a su geografía montañosa, hicieron más o menos fácil crear una infraestructura de banda ancha y hacer más accesible la conexión a internet, dos puntos clave de los planes de Kim.

En el año 2000 ya estaba conectada casi la mitad de Corea, y esto cambió para siempre el modo de consumir contenidos y de mantener conversaciones.

Sentirse conectado

Hoy, el consumo de internet está muy centrado en los contenidos generados por el usuario. De media, los coreanos pasan cerca de una hora diaria en YouTube viendo, entre otras cosas, grabaciones de partidas de videojuegos, tutoriales de maquillaje y *gong-bang,* vídeos de «estudia conmigo» que acumulan millones de visitas.

La clave del éxito de estos vídeos es crear un sentimiento de conexión a un universo digital; más que en ningún otro sitio, esto se aprecia en el fenómeno del *mukbang,* que deriva de los términos coreanos *meokda* («comer») y *bangsong* («retransmitir»). Los creadores y *streamers* se retransmiten comiendo mientras interactúan con los espectadores, un concepto que sorprendió a muchos en un principio, pero no tardó en popularizarse, en especial entre quienes comen solos en casa *(p. 87).* El término figura en el Oxford English Dictionary desde 2021.

Sea cual sea el tipo de vídeo, los *streamers* se esfuerzan por mantener una relación con sus seguidores. Si emiten en directo en vez de subir un vídeo ya grabado, pueden comunicarse con todos los que se conecten a través de una función de chat, y suelen adaptar sus contenidos al hilo de los comentarios que van recibiendo. Este esfuerzo se ve recompensado con donaciones y propinas. En AfreecaTV, un servicio de vídeo *peer-to-peer* (P2P), los espectadores envían «globos estrella» (donaciones monetizadas) a los *streamers* en una muestra de afecto. A cambio, los seguidores más leales esperan que los *streamers* recuerden su nombre de usuario y les den un trato especial, algo no muy distinto de la cultura fan del K-pop (*p. 174*). En el mundo del K-pop, las plataformas como Weverse también funcionan a modo de puente entre las estrellas y los fans. Los ídolos pueden retransmitir en directo o escribir un post; así, al eliminar a los presentadores de la tele o los DJ de la radio, la relación entre las estrellas y sus fans parece más íntima y personal.

En juego

Puede que la mayor comunidad digital de Corea esté en el universo *gamer*. De hecho, fue la popularidad de videojuegos como *StarCraft* —un juego de estrategia en tiempo real—, a comienzos de los 2000, lo que subrayó la necesidad de conexiones a internet más rápidas, y los proveedores se apresuraron a satisfacer esa demanda. Por todo el país hay salas de PC-bang

Partida de un videojuego de e-sports en un PC-bang de Seúl

(p. 119), cibercafés al estilo coreano donde se participa en videojuegos solo o con amigos. Están equipados con los mejores ordenadores y sillas ergonómicas, son baratos y atraen a todo tipo de gente, desde trabajadores hasta estudiantes. Aún está por ver si los PC-bang sobrevivirán a una era pospandemia en un mundo liderado por los móviles inteligentes.

El auge de los e-sports

Aun así, es poco probable que desaparezcan los e-sports gracias a títulos de tanto éxito como *League of Legends* y *PlayerUnkown's Battlegrounds*. Mucho antes de que los *gamers* comenzaran a amasar decenas de millones de wones retransmitiendo sus partidas en plataformas como Twitch, los coreanos ya consumían estos contenidos en la televisión. En el año 2000 OGN se convirtió en el primer canal de televisión del mundo dedicado a los e-sports y los videojuegos. Equipos de *gamers* profesionales jugaban al *StarCraft,* y los espectadores podían analizar el estilo de su *gamer* preferido y compartir *online* sus opiniones.

En la Corea actual, los e-sports son un deporte tan arraigado como el tiro con arco o el béisbol. Las academias privadas y las empresas se ofrecen para patrocinar a los *gamers* profesionales igual que lo hacen con los deportistas. En 2004, Lim Yo-hwan —uno de los *gamers* profesionales más destacados del país— fichó por SK Telecom T1 (ahora T1), una organización coreana de e-sports. La noticia copó los titulares, como si fuese el comienzo de una nueva era en los videojuegos, con más profesionales bien pagados por llegar.

La controversia de los e-sports

En 2010, un gran escándalo de amaño de partidas sacudió el sector coreano de los e-sports. Una serie de personas, incluidos jugadores profesionales, fueron declaradas culpables de amañar partidas del *StarCraft* para una web de apuestas ilegales. Fue el primer caso confirmado de amaño en el que participaban *gamers* profesionales, y dejó una mancha en la reputación del sector.

Faker (cuyo nombre real es Lee Sang-hyeok) fue uno de ellos: considerado el mejor jugador del *League of Legends* de todos los tiempos, ha ganado tres veces el Campeonato del Mundo de este juego. Su fama va más allá de la comunidad *gamer* y le sirvió para hacerse con varios contratos publicitarios con empresas como Lotte Confectionery. Con un salario anual estimado de millones de dólares, el ejemplo de Faker dice mucho de lo enorme que es el mercado de los e-sports en Corea, uno de los más grandes en términos de beneficios y de ingresos de los jugadores junto con China y Estados Unidos.

Iniciar la conversación

Está claro que internet desempeña un enorme papel en el debate público. Puede convertir a los *gamers* en estrellas y establecer relaciones entre personas con un origen distinto, pero también puede influir en la percepción de la política o la legislación pública.

Jerga de internet

Selka

Mucho antes de que el Oxford English Dictionary nombrara «selfi» palabra del año en 2013, los coreanos ya usaban selka, una mezcla de «selfi» y «cámara».

Kkk

No es tanto una palabra como una forma de expresar las risas en un mensaje.

Jjal

Palabra coreana para «meme»: se refiere sobre todo a imágenes graciosas y disparatadas.

Heol

Se utiliza para expresar una gran sorpresa, algo así como «no puede ser» o «Oh, Dios mío».

Kol

Significa «vale», «ok» o «hecho» y se utiliza para aceptar un plan, como si dijeras «¡me apunto!».

Daebak

Se usa para celebrar una victoria o una buena noticia, algo así como «genial» o «qué bien».

Arriba Competición de *gamers* en el torneo de la StarCraft II ProLeague de 2015

Derecha Juego de realidad aumentada en Seúl

Las redes sociales como Facebook y Twitter tienen su influencia, pero los foros coreanos como Daum Café llevan la voz cantante. La comunidades en Daum, por ejemplo, tienen una temática clara y se dirigen a un público específico: dentro de «Women's Generation», las mujeres debaten sobre temas como política o feminismo, mientras que en «FM Korea» son sobre todo hombres los que hablan de fútbol o videojuegos. Los mensajes virales de estos grupos aparecen a veces en las noticias. En la campaña para las elecciones presidenciales de 2022, el candidato progresista Lee Jae-myung posteó en «Women's Generation» y se comprometió a abordar la violencia de pareja y a ser más duro con los delitos sexuales. No ganó las elecciones, pero estos ciberespacios formaron parte integral de su campaña, y su influencia en los problemas de actualidad es enorme.

Monitorizar la red

Dado el gran impacto que el debate en las redes tiene en la sociedad coreana, hace tiempo que son un problema los comentarios malintencionados, en su mayor parte dirigidos hacia las mujeres. Aunque el ciberacoso es un problema global, su relevancia en Corea es diez veces mayor, en especial por el papel dominante que tienen las secciones de comentarios de los portales web a la hora de moldear la opinión pública. El problema del ciberacoso ha generado un llamamiento a las compañías de internet y al gobierno para que tomen medidas contra los comentarios hostiles y la petición de unas redes sociales mejor moderadas. Una de las consecuencias fue que Naver y Daum, dos de los portales de internet más influyentes de Corea, cerraron la sección de comentarios de las noticias de entretenimiento.

No solo los «guerreros del teclado» son motivo de preocupación pública. Los videojuegos tienen muchos seguidores y, en general, se consideran un pasatiempo, pero la adicción ha sido un problema social polémico. Se trató de combatirlo con medidas como un toque de queda *gamer* a medianoche para los menores de 16 años, pero se eliminó en 2021, después de varios años de críticas por considerar que el gobierno se estaba extralimitando.

Navegar hacia el futuro

¿Qué traerá el futuro, entonces? Ya vemos pasos hacia el metaverso con los avances en realidad aumentada (AR) y en realidad virtual (VR). En 2022, el grupo K-pop de chicas BLACKPINK colaboró con la empresa de videojuegos PUBG Mobile para ofrecer

부 캐
Bookae

Un avatar que algunos adoptan para los ciberespacios.

el primer concierto virtual dentro de un juego en toda la historia por medio de unos avatares en 3D de las cuatro miembros del grupo en escenarios posapocalípticos. Y no quedó ahí. Los VR cafés y las salas de *gaming* se multiplican por Seúl, donde uno puede sumergirse en mundos que nada tienen que ver con su día a día. Seguro que no es más que el principio de una vida virtual. Dados los avances tecnológicos y la capacidad 5G de Corea, es posible que el metaverso llegue antes —con éxito— a Corea, con robots de IA y hologramas que un día serán tan omnipresentes como los *smartphones*.

K-웹툰

Los *webtoons* coreanos

Corea está tan volcada en lo digital que es lógico que fuese aquí donde se creara un género de cómic concebidos para su consumo a través del móvil. Los *webtoons,* una mezcla de «web» y «cartoons» («dibujos animados») surgieron a comienzos de la década del 2000 a raíz del auge de internet y de la crisis financiera. Mucha gente no podía permitirse los *manhwa* (cómics en papel), y no hubo que pensarse mucho la opción de los cómics digitales, accesibles y más baratos.

Parte de su éxito viene de su accesibilidad: cualquiera puede subir un *webtoon* a un foro, donde aficionados y artistas en ciernes pueden encontrar su gran oportunidad. Los lectores comparten sus ideas en los comentarios al final de cada episodio semanal. Por su parte, los creadores hacen correcciones de futuros episodios. Dos de las plataformas y aplicaciones más grandes son WEBTOON y Kakao Webtoon —antes conocida como Daum Webtoon—, que fue la primera plataforma de *webtoons* cuando surgió en 2003. Le siguió muy de cerca WEBTOON, en 2004, que ya es la mayor plataforma de cómics digitales del mundo, con más de 72 millones de usuarios en 100 países.

La mayoría de la gente ya conoce los *webtoons* aun sin saberlo. Sus coloridas imágenes y sus géneros eclécticos que van desde la comedia romántica hasta los *thrillers* de ciencia ficción han influido en los grandes K-dramas. Algunos como *Rumbo al infierno* (2021) y *Estamos muertos* (2022) están basados en *webtoons,* y gran parte de su éxito proviene de unos grupos de fans que ya existían. El aumento del interés global por los *webtoons* es tan enorme que se ha convertido en una industria multimillonaria en Corea.

El artista de *webtoons* Seok-Woo realiza un dibujo

K-뷰티의 위상

Al asalto de la belleza

Si hay una nueva tendencia en el mundo de la belleza, lo más probable es que haya surgido en Corea. Aquí, las normas de belleza son estrictas, lo que da lugar a una industria en rápida innovación.

Corea es el tercer exportador de productos de cosmética en el mundo por, detrás de Francia y Estados Unidos, lógico en un país con unos ideales tan precisos al respecto de la belleza *(p. 62)* y los conocimientos tecnológicos para lograrlos.

Crear una industria

Conforme aumentaba la popularidad del K-pop y el K-drama en la década de 2010, lo mismo le sucedía a la estética de los famosos coreanos. Cuando surgieron conceptos como las mascarillas de lámina, las esencias, los sérums y las bases de maquillaje en formato *cushion,* Occidente los recibió con cierto escepticismo, pero con algunos de los personajes más famosos de Corea trabajando como embajadores de las mejores marcas de cosméticos, el mercado global comenzó a prestarles atención. Las grandes marcas de lujo no tardaron en lanzar imitaciones inspiradas en el mercado coreano. Había llegado el fenómeno conocido como la «K-beauty».

Un planteamiento distinto

La K-beauty se entiende mejor como un proceso preventivo, más que reactivo. Se enseña muy pronto a los niños la importancia de una buena salud en la piel: se aplican religiosamente los protectores solares y las cremas hidratantes, considerados tan vitales en el cuidado como cepillarse los dientes. Ya con más edad, en línea con la preferencia por la belleza natural, se centran en el cuidado de la piel antes que en el maquillaje. En general, la pintura de ojos se reduce al mínimo (raro es ver un estilo *smoky* o colores llamativos) y los labios con un toque de frambuesa pretenden imitar un aspecto juvenil. Si tienes la piel sana, hidratada y bien equilibrada, el maquillaje se puede utilizar menos como si fuera una careta y más como un realce: ahí es donde entran los regímenes de cuidado de la piel como la rutina en 10 pasos *(p. 208)*.

Así, es lógico que los productos se centren en ingredientes naturales sin procesar, tanto de origen vegetal como animal. Parte del éxito global de la K-beauty consiste en la introducción en

Productos populares

BB cream

El *blemish balm* («bálsamo para imperfecciones») es un invento de un dermatólogo alemán, que se convirtió en un fenómeno cuando se reinventó en Corea como una alternativa a la base de maquillaje, pero enriquecida con vitaminas.

Base de maquillaje *cushion*

Apreciada ya por su fórmula, esta base de maquillaje líquido, hidratante y de protección solar en formato compacto es creación del gigante coreano de los cosméticos Amorepacific.

Bálsamo múltiple en barra

Como si fuera un cacao labial gigante para la cara, estos bálsamos faciales se han popularizado como unas barras higiénicas que llevas encima para retoques: no manchan y se deslizan por las mejillas para darles brillo al instante.

Esencias, sérums y ampollas

Este trío de productos es fundamental en la rutina de 10 pasos, cada uno más fuerte y viscoso que el anterior. La esencia es una solución acuosa, las ampollas contienen un superconcentrado de ingredientes, y los sérums se encuentran a medio camino entre ambos.

Arriba Productos populares de K-beauty, famosos por su empaquetado colorido y simpático

Derecha Línea de producción en una fábrica de Amorepacific

Occidente de ingredientes nuevos y llamativos. Aunque algunos no son inventos coreanos —como la baba de caracol, fantástica para dar un aspecto carnoso—, Corea sí los ha reformulado y los ha lanzado al estrellato. Otros se basan en técnicas coreanas muy apreciadas: se dice que los ingredientes fermentados para el cuidado de la piel —bayas, arroz, levaduras, ginseng o brotes de soja— son más potentes, penetran más y dan más firmeza a la piel envejecida.

Aparte de los cuidados en casa, es habitual visitar mensual o incluso semanalmente al dermatólogo para un tratamiento facial. Uno de los más populares son las inyecciones revitalizantes, una especie de micropinchazos para inyectar vitaminas y nutrientes que penetran en las capas más profundas de la piel. El Rejuran Healer es un producto registrado que cambió por completo el panorama, un inyectable basado en ADN de salmón desarrollado por una compañía farmacéutica coreana que se supone que mejora la elasticidad de la piel.

La siguiente generación de cosméticos

Más allá de los ingredientes novedosos, Corea es líder en tecnología cosmética. Para empezar, muchas marcas combinan la IA con la tecnología de detección facial: herramientas de diagnóstico sin contacto que valoran el estado de la piel y los cuidados que necesita, tanto en las tiendas como en aplicaciones para el móvil. Basta un rápido escaneo facial para generar un análisis en profundidad de los niveles de hidratación, la hiperpigmentación, zonas problemáticas o el tamaño de los poros. También se facilita a los clientes una lista de productos óptimos para tratar sus problemas de piel.

Un enfoque similar se aplica al maquillaje. Lejos quedan los tiempos en que las clientas salían de algunas tiendas con media docena de tonos de lápiz de labios pintados en el dorso de la mano. Hoy en día, los espejos equipados con realidad aumentada permiten que la clienta se haga una foto y se pruebe diferentes tonos de lápiz de labios, de sombra de ojos y de base de maquillaje sin tocarse la cara. Las pruebas de maquillaje virtual también están disponibles *online* para que cada cual pueda probar diferentes tonos y hacer un pedido sin salir de casa.

Mejor aún, unos sistemas de impresión en 3D diseñados de manera especial y desarrollados en Corea permiten imprimir mascarillas de lámina que se alineen a la perfección con distintos rasgos faciales. Después de capturar las dimensiones individuales del rostro —la distancia entre los ojos, la longitud de la nariz o la dimensión de los pómulos—, las impresoras 3D crean una mascarilla de hidrogel personalizada.

Con estos avances y su visión de futuro, Corea podría ir camino de convertirse en el mayor exportador mundial de cosméticos, pero la creciente oposición a los exigentes estándares de belleza coreanos (*p. 62*), y la naturaleza de una industria que ve cómo las modas van y vienen a velocidad de vértigo presagian que el mundo de la K-beauty necesita evolucionar.

10단계 루틴

Rutina en 10 pasos

En contra de la creencia popular, el concepto de una rutina coreana para el cuidado de la piel en 10 pasos es claramente norteamericano. El término lo acuñó una coreanoamericana experta en K-beauty cuando explicaba la cosmética coreana a los periodistas estadounidenses, para quienes la idea de utilizar más de cinco productos al día era una novedad. Esto que en Occidente se conoce ahora como la rutina en 10 pasos para el cuidado de la piel, en Corea no es más que una buena higiene dermatológica y no tiene un nombre específico.

Esta rutina ahora tan famosa consiste en aplicar capas de productos en una secuencia lógica: los más ligeros al principio y los hidratantes y aceites más pesados al final. Por la mañana, podría ser un limpiador ligero, un tónico, una esencia, un sérum o ampolla, un producto hidratante y un protector solar. Por la noche, la rutina comienza con una doble limpieza, y vendrá seguida de tantos pasos como tiempo o necesidad se tenga: un tónico exfoliante, tratamientos específicos (desde tratamientos contra el acné hasta el antiarrugas), una mascarilla de lámina y una crema hidratante. En otras palabras, la típica rutina para el cuidado de la piel no es algo inamovible: no todo el mundo sigue los mismos pasos ni tratamientos, sino que adapta su rutina a sus necesidades. El objetivo es el famoso efecto coreano de la «piel de cristal»: un aspecto elástico, hidratado y húmedo.

En Occidente ha surgido el *skinimalismo,* un minimalismo en el cuidado de la piel que reduce las rutinas a cuatro productos básicos en oposición a las rutinas de múltiples pasos, pero el concepto de una rutina en 10 pasos jamás ha sido una tendencia ni se ha puesto de moda. Es algo tan simple como una forma de vida.

Productos para el cuidado de la piel en una tienda de Nature Republic

빛으로 꽉 찬 새로운 수분
Radiance-abundant new moisture

빛으로 꽉 찬
새로운 수분
Radiance-abundant new moisture

72시간

ICELAND BRIGHTENING WATERY CREAM
아이슬란드 빙하수의 이중보습 빛으로 꽉 찬 새로운 수분
Dual moisture of Iceland glacial water
Radiance-abundant new moisture

프레시 그린티

남도 보성 녹차

₩20,000

ARGAN ₩7,700
MANGO ₩7,700
ROSE ₩7,700
OLIVE ₩7,700
SHEA BUTTER ₩7,700

ALOE

더욱 강력해진 자외선 차단 효과
자외선 철벽 방어

얼굴에 직접
분사 NO!

CALIFORNIA ALDE

₩12,000

₩4,900   ₩4,900

₩7,900   ₩6,900

1+1

-5℃

₩20,000   ₩18,500

Titanes de la tecnología

Sede de algunas de las mayores empresas tecnológicas del mundo, Corea lidera la innovación moderna y es pionera en proyectos que van de las ciudades inteligentes al metaverso.

Brillante, vertiginosa y decididamente orientada al futuro, Corea vive con pasión los avances y novedades del sector tecnológico. Este es el motor del implacable avance de un país donde la demanda de productos electrónicos de última generación o de electrodomésticos digitalizados no da señales de remitir.

Encontrar el equilibrio

Cuando terminó la guerra de Corea en 1953, el país tenía una economía agrícola más atrasada que la del Norte industrializado. En las siguientes décadas, los *chaebol* de clanes familiares *(p. 70)* como Samsung impulsaron un periodo de fulminante crecimiento económico conocido como «el milagro del río Han». Hoy, Corea es la décima economía del mundo, y Samsung Electronics supone por sí sola un quinto del total de las exportaciones del país. Y eso sin olvidar que es una superpotencia digital: Corea tiene una cobertura de banda ancha de casi el 100 %, la primera del mundo en desplegar el uso comercial del 5G en todo el país en 2019.

Cambiar la vida de la gente

La abundancia de productos electrónicos de factura nacional, una infraestructura avanzada de internet y una elevada cultura digital han convertido Corea en una utopía de comodidades tecnológicas. Se diseñan arcones frigoríficos para almacenar el *kimchi* a la temperatura óptima durante un año entero. Hay supermercados sin línea de cajas donde uno dispone de comidas precocinadas las veinticuatro horas del día, y los comercios *online* ofrecen envíos superrápidos de todo tipo de artículos, desde alimentación hasta moda rápida.

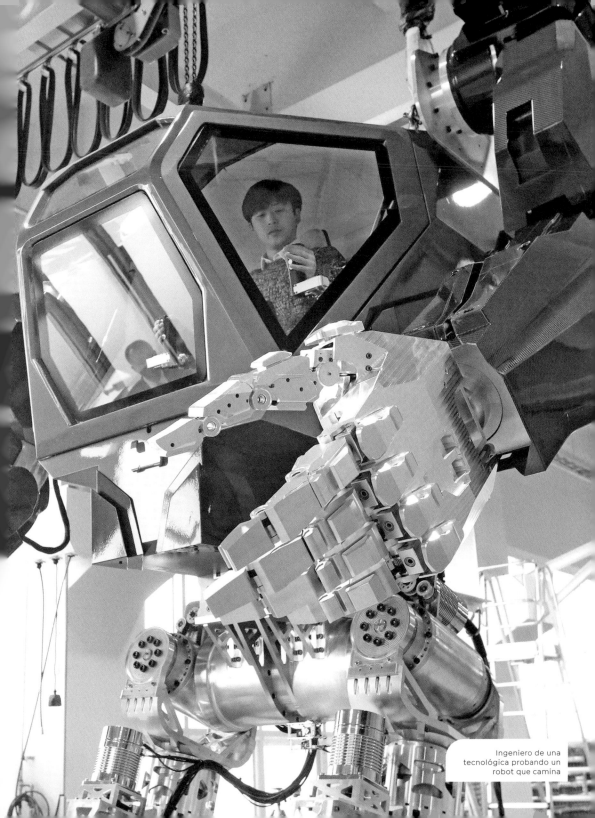

Ingeniero de una
tecnológica probando un
robot que camina

Con un índice de penetración de móviles inteligentes próximo al 100 %, tareas como renovar el carnet de conducir se encuentran disponibles al instante en las aplicaciones de la administración. El uso extendido de las tarjetas virtuales, que se pueden utilizar en cualquier lugar en parte gracias al fácil acceso a redes wifi en las zonas urbanas, ha convertido el dinero en metálico en una reliquia del pasado. Los móviles modernos forman ya parte integral de la obsesión del país por la comodidad instantánea.

Mirando al futuro

Como corresponde a un país que no se baja de lo más alto de las listas de índices de innovación, las tecnológicas coreanas se lanzan de cabeza a por la siguiente generación de nuevas tecnologías. Algunos de los innovadores más brillantes del país ven un futuro donde ciertas cuestiones vitales como el cambio climático se abordarán por medio de un ecosistema digital en constante expansión. Hyundai Motor, cuyo líder Chung Eui-sun está conven-

cido de que algún día los robots personales serán tan omnipresentes como los móviles, sueña con un mundo lleno de máquinas inteligentes. Por su parte, Samsung se expande más allá de los teléfonos móviles, hacia la biotecnología y la inteligencia artificial.

Los experimentos urbanos que se llevan a cabo por toda Corea ofrecen un intrigante vistazo a las ciudades del mañana. Ulsan, un núcleo industrial conocido por los astilleros y las refinerías de petróleo, es también un banco de pruebas de una ciudad alimentada por hidrógeno, con autobuses, barcos y taxis de pila de combustible. La isla de Jeju está avanzando hacia la sustitución total de los vehículos de combustibles fósiles por otros eléctricos hacia el año 2030, al tiempo que experimenta con infraestructuras seguras para vehículos autónomos.

Fuera de las grandes ciudades, el gobierno está promocionando las granjas autorreguladas. Esperan que estas medidas atraigan hacia el campo a los jóvenes de las ciudades y ayuden a repoblar las comunidades rurales, que se están reduciendo rápidamente. También está en auge la gobernanza digital, con agencia gubernamentales como el Servicio de Aduanas de Corea que ha creado plataformas *blockchain* para combatir los fraudes aduaneros.

En cuanto a la experimentación tecnológica, está claro que no hay líneas rojas. Corea cuenta con algunos de los pioneros tecnológicos más inventivos del mundo y está sentando las bases de un futuro basado en la tecnología.

Una granja inteligente autorregulada en Seúl

Grandes logros de la tecnología

Desde exhibiciones de una IA contra el ser humano hasta la primera ciudad inteligente del mundo, la historia de la tecnología coreana está repleta de genialidad, innovación y provocación.

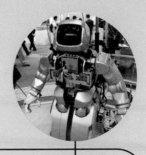

1998

SaeHan Information Systems lanza el MPMan, el primer reproductor portátil de MP3 del mundo.

2005

Los científicos del Instituto Avanzado de Ciencia y Tecnología de Corea crean el Hubo, el segundo robot humanoide del mundo.

2012

Una cárcel de la ciudad de Pohang contrata al primer robot carcelero del mundo.

2009

CJ Group abre el primer cine 4D en Seúl. Más tarde exportará esta tecnología al resto del planeta.

2012

Tesco Homeplus abre el primer supermercado virtual del mundo en una estación de metro de Seúl.

2015

Científicos coreanos crean un lebrel afgano llamado Snuppy, el primer perro clonado en el mundo.

2020

La primera presentadora virtual del telediario debuta en la cadena coreana MBN, un modelo de IA basado en la locutora Kim Ju-ha.

2019

Corea es el primer país que despliega una red 5G, y Samsung lanza el primer móvil 5G del mundo.

2015

Finaliza la construcción de Songdo, la primera ciudad inteligente del mundo, sobre una superficie de 600 hectáreas de terreno ganado al mar.

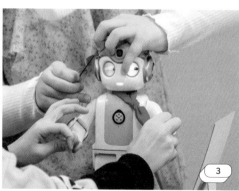

1 La innovadora pantalla curva de Samsung

2 Equipo para fabricar cerveza en casa, de LG

3 El robot Alpha Mini

4 Rhea Keem, compositora virtual

5 La ciudad inteligente de Songdo

Para ser un país tan pequeño que podrías pasarlo por alto en el mapa, Corea tiene un inmenso impacto tecnológico, se pueden encontrar ejemplos por todas partes, desde los móviles inteligentes hasta los robots que te sirven el café.

Teléfonos inteligentes

Antes del K-pop, el producto coreano de exportación más reconocible eran los móviles, y es aquí donde Samsung destaca por encima del resto. Además de innovaciones como el primer monitor de pantalla curva o el primer móvil plegable, la compañía también ha suministrado muchos de los componentes —como las pantallas o los semiconductores— con los que se fabrica el producto estrella de su competencia, el iPhone.

Electrodomésticos

En un país donde las mejoras en las rutinas domésticas cotidianas se celebran tanto como las innovaciones tecnológicas, incluso el más humilde de los electrodomésticos se somete a constantes reinterpretaciones. Convencidos de que todo pequeño inconveniente tiene una solución tecnológica elegante, LG domina el mercado de los electrodomésticos con productos como una aspiradora que vacía ella sola su compartimento del polvo, o una máquina cervecera de cápsulas que prepara cinco tipos diferentes de cerveza con solo pulsar un botón.

Robótica

En Corea, que cuenta con el número más alto de robots industriales por cabeza de todo el mundo, se confiere a los robots una sensación de utilidad práctica y también de diversión caprichosa. Véase el Alpha Mini, un robot del tamaño de una muñeca que se utiliza como ayuda al aprendizaje en las guarderías de Seúl. Los robots de servicio también están convirtiéndose rápidamente en parte del paisaje habitual de las ciudades. En las cafeterías automatizadas por todo el país, unos robots camareros con nombres como «Baris» preparan *lattes* mientras otros llevan las bebidas a las mesas para los clientes.

Inteligencia artificial

Un mundo donde el ser humano convive con sus homólogos artificiales se está convirtiendo rápidamente en una realidad. Los avatares virtuales por IA ya trabajan como dependientes bancarios, locutores de televisión y también ejercen de famosos. Rozy, una *influencer* virtual, baila en los anuncios de seguros, mientras que la compositora virtual de LG Rhea Keem prepara sus propias canciones para su álbum de debut. Algunas IA famosas están consiguiendo hasta contratos de interpretación.

Ciudades inteligentes

Después de Songdo, donde los residuos de sus habitantes viajan por unos tubos neumáticos en lugar del camión de la basura, Corea se ha entregado a la misión de dotar todas sus ciudades de una serie de comodidades de alta tecnología. Seúl fue la primera ciudad del mundo en unirse al metaverso en 2021, y presentó sus planes de llevar los servicios municipales y los eventos culturales a una comunidad pública virtual. En Eco Delta, un proyecto piloto de una ciudad inteligente en la portuaria Busan, todos los habitantes llevan un reloj inteligente que los conecta con la red digital de su casa. A cambio de vivir sin pagar el alquiler, los residentes permiten que las compañías que dirigen el proyecto recopilen y utilicen sus datos para poder hacer mejoras.

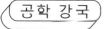

공학 강국

Maravillas de la ingeniería

Corea está en perpetuo movimiento: construyendo la siguiente generación de buques portacontenedores, levantando ciudades nuevas o lanzando satélites al espacio, y todo ello gracias a una gran cantera de ingenieros.

Corea no se limita a crear un futuro, sino que podría decirse que es el futuro. Los ingenieros que trabajan en más de 7.200 empresas impulsan el progreso tanto dentro como fuera de las fronteras del país, desarrollando infraestructuras que mantienen el mundo en marcha.

Por tierra y por mar

La ingeniería coreana con la que la mayoría de la gente está familiarizada es la de cuatro ruedas. Hyundai se ha labrado un nombre a nivel internacional y, junto con su hermana Kia, ha convertido a Corea en el quinto productor mundial de automóviles. Pero su avance va más allá de los SUV. Su empresa subsidiaria Hyundai Rotem fabrica unos trenes bala que alcanzan los 305 km/h y pueden viajar de Seúl a Busan (una distancia de 325 km) en 2 horas y 9 minutos.

Hyundai es también un importante actor en una industria a menudo olvidada: la de los astilleros. Corea no empezó a fabricar barcos hasta 1968, pero ya controla más de un tercio de la industria actual y acoge a los cuatro mayores constructores navales del mundo. Si tenemos en cuenta que el 90 % del comercio de mercancías se transporta en barco, no es una exageración decir que los ingenieros coreanos son los responsables de construir la cadena de distribución global.

Las empresas coreanas son también líderes a la hora de hacer más ecológico el transporte marítimo. En 2022, los astilleros de Corea acumularon más de la mitad de todos los encargos de barcos ecológicos, ya estuviesen alimentados por baterías o por combustibles alternativos. Hyundai, Daewoo y Samsung también trabajan en el desarrollo de barcos que se muevan con amoniaco, un posible combustible verde en el futuro.

En el aire

A los grandes astilleros de Corea se suman las más de 100 empresas especializadas en aviación, en la mecánica y el montaje de las aeronaves. Muchos

Arriba Lanzamiento del cohete Nuri desde el Naro Space Center en 2022

Derecha Tren bala de alta velocidad KTX en una estación de Seúl

de los componentes que fabrican estas empresas van a parar a Korean Air y a Korea Aerospace Industries. A su vez, estas empresas desarrollan aeronaves, como unos vehículos aéreos no tripulados.

Corea siempre apunta más alto. En 2022 puso en órbita cinco satélites con su cohete Nuri, fabricado en el país con la colaboración de unas 300 empresas coreanas. Según el Instituto de Investigación Aeroespacial de Corea, esto convirtió su programa espacial en el séptimo en desarrollar un vehículo de lanzamiento espacial capaz de transportar un satélite de más de una tonelada. Los satélites del cohete Nuri pasaran hasta dos años monitorizando

la atmósfera y llevando a cabo otras misiones de observación.

El siguiente paso para los ingenieros aeroespaciales coreanos es llegar más allá de la órbita terrestre. En una colaboración con la NASA, se espera que Corea lance su primer módulo orbital lunar, y también está trabajando para enviar sondas a la Luna. Mientras tanto, Kia y Hyundai trabajan con seis institutos coreanos de investigación para desarrollar herramientas que mejoren el modo en que los astronautas cruzan la Luna. Teniendo en cuenta lo rápido que ha evolucionado la ingeniería en el país durante el último medio siglo, seguro que Corea no tardará mucho en mirar más lejos de la Luna, hacia Marte y más allá.

Índice

Agradecimientos

DK Eyewitness desea agradecer su contribución a este proyecto a las siguientes personas:

Ann Babe es una periodista nacida en Corea del Sur y residente en Estados Unidos y ha publicado sobre Corea en *The New York Times*, *Wired*, *Kinfolk* y otros. Cuando está en Corea, la encontrarás haciendo senderismo, tomando *tteokbokki* y abjurando del *soju* por enésima vez.

Matthew C. Crawford es un autor canadiense que ha escrito sobre Corea para la BBC y el *South China Morning Post* entre otros. Su pasión por las montañas lo ha llevado a escalar picos en Bolivia, la India y Nepal, y aún está ocupado con las 7.715 cimas de su hogar adoptivo, Corea.

Yim Hyun-su es un periodista de Seúl cuyos reportajes han figurado en el *Washington Post* entre otros. En su época en *The Korea Herald*, el mayor periódico en inglés de Corea, Yim cubría la información sobre la cibercultura y la industria del entretenimiento.

Iris (Yi Youn) Kim es una autora nacida en Seúl y residente en Los Ángeles. Su trabajo, que cubre sobre todo la identidad, política y cultura asiático-americana, ha figurado en *Salon*, *Slate*, *TIME*, *Delish* y *Business Insider*. Iris es *Emerging Voices Fellow* de PEN America en 2022 y *US-South Korea NextGen Creative Fellow* del Center for Public Diplomacy.

Kyung Hyun Kim es un autor creativo, productor de cine y estudioso además de catedrático del Departamento de Estudios de Asia Oriental en la UC Irvine de California. Es autor de numerosos libros, incluido *Hegemonic Mimicry:*

Korean Popular Culture of the Twenty-First Century (2021), y ha coproducido y coguionizado dos películas galardonadas, *Never Forever* (2007) y *La criada* (2010).

Max Kim ha vivido y estudiado en Alemania, el Reino Unido y Estados Unidos, y ahora reside en Seúl. Aunque ha publicado sus textos sobre tecnología en periódicos y revistas como *The Guardian* y *MIT Technology Review*, Max se considera mucho más incapaz con la tecnología de lo que está dispuesto a admitir.

Soo Kim es una periodista coreana y autora de Vive Corea (2021). Antigua escritora de viajes y editora de contratación en *The Daily Telegraph*, ahora escribe con regularidad para *Newsweek* sobre entretenimiento, salud y psicología en Corea. Ha entrevistado a algunas de las más grandes estrellas de Corea, desde los actores de El juego del calamar hasta grandes directores.

Cecilia Hae-Jin Lee es una escritora gastronómica y de viajes residente en Los Ángeles, fotógrafa y productora. Es una experta en arte, cultura y cocina de México y Corea que ha escrito libros de cocina y guías de viajes de ambos países. Pregúntale quién inventó el taco coreano, seguro que lo sabe.

Colin Marshall es un autor residente en Seúl que ha colaborado con ensayos sobre ciudades, cultura y otros temas en publicaciones como *The New Yorker*, *The Guardian* y *Los Angeles Review of Books*, cuyo blog sobre Corea escribe desde hace seis años.

La doctora Chuyun Oh es una teórica de la danza coreana y profesora universitaria en Estados

Unidos. Es autora de *K-pop Dance: Fandoming Yourself on Social Media* (2022), y le gusta recorrer los estudios de danza de Seúl para aprender los pasos de moda del K-pop (y suele terminar con calambres).

Vivian Song es una periodista coreanocanadiense que vive en París, donde escribe artículos sobre gastronomía, viajes y cultura para publicaciones como *The New York Times*, la CNN y *Bloomberg*. Desde que obtuvo la nacionalidad francesa, ha hecho un esfuerzo coordinado por reconectar con sus orígenes coreanos, y se inquieta cuando escasea el suministro de *kimchi* en su frigorífico.

Charles Usher es un autor y editor estadounidense que pasó trece años viviendo en Corea. Es autor del libro *Seoul Sub-urban* (2017) y ha escrito para *The Guardian* y *Lonely Planet*, entre otros medios. Vive en Milwaukee con su mujer, Soyi, y su perro, Bono.

Hahna Yoon es una periodista residente en Seúl que escribe sobre gastronomía, viajes y cultura para publicaciones como *The New York Times* y *National Geographic*. Cuando no está escribiendo, la encontrarás acurrucada con su mascota, Hodu.

Sobre la ilustradora:
Jinhwa Jang es una ilustradora de Seúl cuyo trabajo ha figurado en *Bloomberg Businessweek*, *The New York Times*, *The New Yorker* y *Wired*. Las ilustraciones de Jinhwa se inspiran en las diversas ciudades en las que ha vivido —Hanói, Shangái y Nueva York— y la gente que ha ido conociendo. Más allá del arte de ilustrar, disfruta de los paseos que se da con su perro.

El editor desea agradecer a las siguientes personas y entidades su amabilidad al dar permiso para la reproducción de sus fotografías:

(Leyenda: a-arriba; b-abajo/fondo; c-centro; f-lejos; l-izquierda; r-derecha; t-arriba del todo)

123RF.com: searagen 128

akg-images: Roland y Sabrina Michaud 64-65, 154, 158, 162

Alamy Stock Photo: Aflo Co. Ltd. 186-187, Amanda Ahn 78bl, Chema Grenda Cuti 94-95, Bob Daemmrich 55, Pavel Dudek 14tl, Richard Ellis 30-31br, Everett Collection Inc 178tr, 182-183, 190, 191, Sang Taek Jang / EyeEm 76tc, GRANGER - Historical Picture Archive 33tr, Hemis 13-13ltc, Heritage Image Partnership Ltd 42bl, 133cl, David Hodges 176bl, Imaginechina Limited 178tl, Inigo Bujedo Aguirre-VIEW 86, Lucas Jackson / REUTERS 32, Joonsoo Kim 157, Kish Kim / Sipa USA 116, 117, Koshiro K 14cr, Magnolia Pictures / Everett Collection Inc 33cl, Marevision / Agefotostock 112bl, Nippon News / Aflo Co. Ltd. / Alamy Stock Photo 165, JeongHyeon Noh 52, David Parker 27tr, Photo 12 193bc, Pictures From History / CPA Media Pte Ltd 53, 58, Jo Yong Hak / Reuters 43, REUTERS 205, Michael Runkel 18, Seung Il Ryu / ZUMA Press, Inc. 60, Soularue / Hemis.fr 118-119tc, Oran Tantapakul 6-7bc, TCD / Prod.DB 178bl, 193tr, 193cl, VTR 26bl, BJ Warnick / Newscom 33br, 66, BJ Warnick / Yonhap / Newscom 106tr, ZUMA Press, Inc. 188-189

Bridgeman Images: Leonard de Selva 108bl

d'strict: WAVE by d'strict 132

Dreamstime.com: Chanchai Duangdoosan 20-21, F11photo 145, Panya Khamtuy 213br, 214bl, Kidloverz22 14cl, Byungsuk Ko 138, Sungbok Lee 22-23, Jeonghyeon Noh 130tl, Sanga Park 140tr, Yooran Park 81br, Isabel Poulin 28cl, Tawatchai Prakobkit 112tl, 112br, Ika Rahma 96bl, Panwasin Seemala

106tl, Studioclover 112tr, Tea 208-209, Wing Ho Tsang 134-135, Vikaabdullina 206-207tc, Julien Viry 91, Rangsiya Yanvarat 61tc, Suksan Yodyiam 185

eyevine: Chang W. Lee / New York Times / Redux 114-115, An Rong / New York Times / Redux 175

Getty Images: Atlantide Phototravel 44, fotografía de Simon Bond 85, Bride Lane Library / Popperfoto 30tl, Simon Bruty / Anychance 122cl, SeongJoon Cho / Bloomberg 98, 109, 200, 201, 207tr, Jean Chung / Bloomberg 68, 171br, CORR / AFP 122tr, David Ducoin / Gamma-Rapho 19, Jean Guichard / Gamma-Rapho 177, Dallas y John Heaton 129, IOC Olympic Museum / Allsport 143, Insung Jeon / Moment Open 49, Park Ji-Hwan / AFP 213cl, Ed Jones / AFP 104-105, 119tr, 124tr, 198, JTBC PLUS / ImaZinS Editorial 169tc, 169tr, Korea Aerospace Research Institute 216-217tc, Kevin Mazur / WireImage 169c, Timothy Norris 168, Andie Nurhadiyanto / EyeEm 57, Flash Parker / Moment 28br, Pictures from History / Universal Images Group 27cr, Justin Setterfield 124tl, Justin Shin 155, 163, Jessica Solomatenko 130cl, Javier Soriano / AFP 124cl, Matthew Stockman 122br, Chung Sung-Jun 36-37tc, 61br, 67, 72-73tc, 106bl, 106br, 124cr, 210-211, 212, 213tr, Chung Sung-Jun / Stringer 46-47cr, Suntiil / Imazins 45, Ten Asia / Multi-Bits 164, The Chosunilbo JNS / Imazins 171tc, THE FACT / Imazins 169br, Universal History Archive / Universal Images Group 33tc, Sayan Uranan / EyeEm 12-13, Anthony Wallace / AFP 82-83, 124bl, 172-173, 214cl, Westend61 140tl, Kevin Winter 166-167, JUNG YEON-JE / AFP 61bl, 62-63, 150-151, 202-203

Getty Images / iStock: Avigator Photographer 6-7, Vittoria Che 196, CJNattanai 140cr, George Clerk 72tl, GoranQ 36tl, 140br, Sungsu Han 81bl, Yeongsik Im 38-39, Wonseok Jang 101, July7th 110, NeoPhoto 14tr, Leo Patrizi / E+ 69, TopPhotoImages 90bl

Greysuitcase: Angela Wijaya 96br, 146

Courtesy of the Gwangju Biennale Foundation: Eeva-Kristiina Harlin y Outi Pieski, Máttaráhku ládjogahpir —Foremother's Hat of Pride, 2017— actualidad. Vista de la instalación en «Minds Rising Sprits Tuning», 13.ª Bienal de Gwangju, 2021 14bl, Kim Dae-jung, presidente de la República de Corea 1998-2003, admirando el Dolmen de Nam June Paik, 1995, en la 1.ª Bienal de Gwangju, 1995 133bc

Mijoo Kim: 24-25

Korea Tourism Organization: Joshua L. Davenport 106cr, Min Hyekyung / VisitKorea.or.kr 111tr, Kim Jiho 96tl

LG Electronics: LG 214cr

The Metropolitan Museum of Art: *Luna de agua Avalokiteshvara*, artista desconocido, dinastía Goryeo (918-1392), Corea, rollo colgante; tinta y color sobre seda. Charles Stewart Smith Collection, donación de la señora de Charles Stewart Smith, Charles Stewart Smith Jr. y Howard Caswell Smith, en recuerdo de Charles Stewart Smith, 1914 133tr

Netflix: Noh Juhan 6bl, 180-181, 184, Netflix 178br

Samsung Electronics: © 2010-2022 SAMSUNG 70-71, 214tl

Shutterstock.com: Artyooran 217tr, Becky's 78tl, BUGNUT23 120-121, Jack Dempsey / AP 214tr, Brent Hofacker 78tr, Chuck Hsu 81cr, Yeongsik Im 159, Kim Chon Kil / AP 59, Wesley Kiou 81cl, Steven KJ Lee 81tl, LEEDDONG 50-51, Diego Mariottini 34-35, Sanga Park 16-17, Yooran Park / Artyooran 78br, Pkphotograph 139, Leonardo Spencer 88-89, Street style photo 152-153, Surachat Treekidakorn 26-27tc, TTLSC 87, YONHAP / EPA-EFE / Shutterstock 92-93, Julie Yoon / AP 197, Faiz Zaki 192

Simon & Schuster: cubierta de la edición en inglés del libro *Kim Jiyoung, nacida en 1982* 149

Mark Parren Taylor: 2-3, 14br, 23tr, 54, 56, 81tr, 84, 96tr, 96cl, 96cr, 136-137, 140cl

Unsplash: foto de Daniel Bernard
144

Wavepoetry.com: de *Yi Sang:
Selected Works* (Wave Books,
2020) 148

Wikimedia Commons: autor
desconocido, dominio público
28tc

Todas las demás imágenes
© Dorling Kindersley

Latinización

En este libro se presenta el coreano en *hangeul*, el
sistema oficial de escritura de Corea del Sur. En el caso de
las frases que carecen de una traducción literal
apropiada, se han empleado traducciones más libres o
préstamos de uso común. La pronunciación de los
términos coreanos se muestra siguiendo el método de la
Latinización Revisada, el más común para trasladar los
caracteres del *hangeul* al inglés, y después se han
adaptado a la fonética natural del español. No obstante,
hay excepciones como en el caso del nombre de ciertos
lugares muy conocidos.

Nombres coreanos

En Corea se coloca el apellido antes del nombre de pila,
una costumbre que sigue este libro, sumando guiones
allá donde era necesario. Sin embargo, se han hecho
algunas excepciones en ambas reglas en el caso de
ciertas preferencias personales. En función de la región
geográfica y del individuo concreto, el mismo apellido
puede escribirse de muchas maneras distintas; en este
libro se siguen las grafías más comunes.

Uso de «Corea»

A lo largo de este libro se usa el término «Corea» a secas
para referirse a Corea del Sur, a menos que el contexto
no deje claro a cuál de las dos Coreas se alude, en cuyo
caso sí se especifica en favor de la claridad.

Edición sénior Zoë Rutland
Diseño de proyecto Jordan Lambley
Edición Alex Pathe, Bella Talbot, Lucy Sara-Kelly
Diseño Ben Hinks, Stuart Tolley
Consultores de lengua coreana Sunhee Jin,
Dalyoung Kim, Yeon Jeong Kim
Cartografía Casper Morris
Documentación fotográfica Claire Guest
Asistente editorial Halima Mohammed
Ilustración Jinhwa Jang
Diseño de cubierta Ben Hinks
Responsable de producción Pankaj Sharma
Edición sénior de producción Jason Little
Responsable sénior de producción Samantha Cross
Responsable editorial Hollie Teague
Edición de arte sénior Sarah Snelling
Dirección de arte Maxine Pedliham
Dirección editorial Georgina Dee

DE LA EDICIÓN EN ESPAÑOL

Coordinación editorial Cristina Gómez de las Cortinas
Asistencia editorial y producción Eduard Sepúlveda

Publicado originalmente en Gran Bretaña en 2023
by Dorling Kindersley Limited
DK, One Embassy Gardens, 8 Viaduct Gardens,
London, SW11 7BW.

Copyright © 2023 Dorling Kindersley Limited
Parte de Penguin Random House Company

Título original: Hello, South Korea
Primera edición, 2024
2022 Dorling Kindersley Limited
Servicios editoriales: Moonbook
Traducción: Moonbook

Todos los derechos reservados.

ISBN: 978-0-7440-9389-6

Impreso y encuadernado en Malasia

Este libro se ha fabricado con
papel certificado por el Forest
Stewardship Council™ como
parte del compromiso de DK
hacia un futuro sostenible. Para
más información, visite la página
www.dk.com/our-green-pledge

Nota del editor
El ritmo al que se producen los sucesos y cambian o evolucionan las
políticas y las modas en el mundo es muy elevado. Hemos hecho todos
los esfuerzos posibles para que este libro sea preciso y esté actualizado,
de manera que, si detecta algún error u omisión, nos gustaría saberlo.
Le agradeceremos que se ponga en contacto con nosotros a través
del correo electrónico travelguides@dk.com